東京
スピリチュアル・ロンダリング

保江邦夫
佐久間公二

青林堂

はじめに

このたびの対談相手である保江邦夫さんは、僕が20代の頃、大東流合気武術の名人・佐川幸義先生の道場で共に汗を流した同門です。今回、こんな形で東京の「スピリチュアル史」について保江さんと語り合えるとは想像もしませんでした。僕がいままで見たこと・聞いたこと・体験したことを、ここまで赤裸々に話したのはこれが初めてだと思います。

薄暗い場末の裏通りに立つ電信柱の陰に身を潜め、他人の暮らしをそっとのぞき込む……。若い頃の僕はいつも鬱々《うつうつ》としていて、人間の心の奥底に沈潜する闇の部分に、どうしても目が行ってしまうのでした。自分の内面はもちろん他者の暗部も直視しなければ、世界の本当の姿は見えないと思い込んでいたのです。僕の行く末を案じアドバイスしてくれた先輩たちのお陰で、いままでどうにか人の道を踏み外すことなく生きてきました。

人間は誰しもジキルとハイドの２つの顔をもち、心に光と闇を抱え込んだ存在だと思います。宇宙の根元である太極から万物が生成するプロセスを図式化したものに「太極図」があります。白と黒の魚が絡み合ったような調和のとれた円形図で、白は「陽」を、黒は「陰」を表しています。太極拳の愛好者には、きっとなじみのある図案でしょう。

陰（闇）と陽（光）の絶妙なバランスが崩れ、ダークサイドに引きずり込まれ人生を破綻《はたん》させてしまった人間は、古今東西を問わず無数にいます。僕が幾度となく目撃した自殺者も、闇の力に屈した人たちでした。でも、幸いなことに僕の中には、相反する二面性がこの太極図のように一つのものに統合される大いなる感覚がいつしか芽生えたのです。僕の心が壊れずに済んだのは、僕自身の力というよりも天の配剤と受け止めるべきだと考えています。

この国の未来を背負うであろう若者たちは、精神の挫折を恐れずに心身を成長させていってほしいと願っています。途上で何度つまずこうが、善なる心をもって果敢に目標へ邁進《まいしん》する人間には、天は必ずや手を差し伸べてくれることでしょう。

目次

第1章

江戸時代から続く怨念の系譜

江戸三大刑場に満ち満ちた怨念

保江　今年3月、NHKの人気番組『ブラタモリ』が惜しまれながらもレギュラー放送を終了しましたね。博覧強記のタモリがアシスタント役の初々しい女子アナと一緒に全国各地を巡り、その土地の歴史に迫る番組で、女子アナは頻繁に交代し、最後の野口アナが7代目でした。3代目の桑子アナは「卒業」後、『クローズアップ現代』のメインキャスターの座を射止めましたね。

「俺を踏み台にして、みんな偉くなるんだ」なんて、タモリが笑みを浮かべてつぶやいたことを覚えています。地質学にも造詣が深いタモリが案内役だけに視点がユニークで、異色の紀行番組でした。神社仏閣を訪れると必ず両手を合わせるタモリの姿を見て、偉いなと思ったものです。そのタモリも、すでに喜寿を過ぎました。寄る年波には勝てず、降板することになったのでしょう……。

ところで、僕が港区の白金に居を構えて、かれこれ10年になります。その間、東京には暗く血なまぐさい歴史を秘めた土地や霊が彷徨《さまよ》う不気味な場所がいろいろ存在することが分かってきました。東京の裏世界と裏歴史に詳しい、大東流合気武術・佐川道場の先輩である佐久間公二さんの面白い話を引き出したくてこの本を企画しました。

佐久間　お声をかけていただき、誠に光栄なことでございます。

保江　早速ですが、皇室関係の方々はもう何年も前から基金を使って、東京で〝谷〟が付く地名、例えば「四谷」とか「茗荷谷《みょうがだに》」などに慰霊碑をずっと建て続けているそうです。まもなくすべての慰霊碑が完成するらしい。

大正12年（1923）、関東大震災に襲われた東京は10万人以上の死者を出しました。ところが、火葬場が使えない状況では遺体を焼却することができません。仕方なく、東京の「谷間」に亡骸《なきがら》を次々に埋めていったそうです。

その後の帝都復興によって谷は埋め立てられ平地となり、そこへビルや家屋が続々と建ちました。四谷、茗荷谷などのように「谷」が付く場所は、今でこそ平坦だけど、もともとは谷間であり、大震災時には大量の犠牲者を呑み込んだのです。成仏しない御霊《みたま》が今でも彷徨っているので、いろいろな現象が起こります。

不幸な魂を救済しようと、皇族の方々は慰霊のためにお金を出し合ってそういう場所に碑を建てておられます。慰霊事業は人知れず今でも粛々と進められているわけですが、残念ながらこの事業が報道されることはありません……。

佐久間　関東大震災と東京大空襲で、東京は２度も壊滅しましたね。昭和20年（１９４５）３月10日未明、３００機以上のＢ29爆撃機が襲来し、２０００トンもの焼夷弾を人口密度が高い下町を中心にばらまきました。たった２時間半の空襲で10万人もの死者を出しました。前年から始まった米軍の本土空襲は全国66都市を焼き払い、死者は40万人以上といわれています。日中戦争では日本軍も重慶を無差別爆撃する蛮行に及びましたが、米軍の空襲は人類史に残る無差別殺戮《さつりく》だと思います。

ちなみに、東京大空襲を指揮したアメリカのカーチス・ルメイ将軍は、戦後の航空自衛隊の育成に貢献した理由で、昭和39年に日本政府から勲一等旭日大綬章を贈られました。アメリカの植民地に成り下がった日本の屈辱外交ですね。

保江　アメリカに完膚《かんぷ》なきまでに叩きのめされたからね。僕の住む白金は、関東大震災の頃は原野だったらしい。人は住んでいなかった。だから死人も出なかったのですよ。東京大空襲でも白金と白金台は被害を受けなかった。

佐久間　港区では檜町《ひのきちょう》（現・赤坂8～9丁目）や青山一帯、飯倉から三河台町（現・六本木3～4丁目）が大きな被害を受けましたね。作家の永井荷風は、麻布市兵衛町（現・六本木1丁目と3丁目）にあった自宅「偏奇館《へんきかん》」が焼け落ちる様子を日記に残しています。

保江　白金にはお寺が多いのも幸いしたのかな。白金は東京で霊的にいちばん安全な場所です。

佐久間　いい所ですね。

保江　でも、白金は東京の「陸の孤島」ともいわれています。今日も、渋谷に出てくるのに都バスに乗ってきました。いちばん便利な交通手段は都バスなのです。

佐久間　そうですよね。

保江　地下鉄が通る白金高輪駅からは最近、新横浜駅まで直通で行けるようになったけど、少し遠いしね。でも、東京って面白い所ですよね。白金に住んで10年近くになるけど、東京には霊的に面白い場所がたくさんあることを世間の人々が知らないのは実にもったいないことだと思って、いろんな人に語ってきました。たまたま、僕の道場に指導に来てくれる佐久間さんにそんな話をしたところ、まあ、驚きの逸話がこの人の口から次々とあふれ出し、その博識ぶりにはビックリしました。

佐久間　たしか、あのときは鈴ヶ森刑場の話をしましたね。浅草刑場とも呼ばれた小《こ》塚原《づかっぱら》刑場、八王子の浅川の河原にあった大和田刑場と並ぶ江戸三大刑場の一つです。いろんな怪談師が取り上げています。

　鈴ヶ森刑場は慶安4年（1651）、江戸幕府によって東海道沿いに開設されました。いまの品川区南大井です。10万から20万人が処刑されたと伝えられています。獄門刑の晒《さら》し首がいちばん多く、他には磔《はりつけ》や火あぶりの刑が執行されたそうです。刑場の開設年における最初の処刑者は、同年の由井正雪《ゆいしょうせつ》の乱に参加した丸橋忠弥《まるばしちゅうや》で磔刑《たっけい》に処されました。天和3年（1683）には、恋仲となった男に会いたい一心で放火に及んだ「八百屋お七」が火あぶりにされ命を落としました。当時の火付けは江戸を火の海にする危険をはらんでいただけに重罪だったのです。お七は西鶴の『好色五人女』に取り上げられて以来、浄瑠璃や歌舞伎に登場するようになりました。

　8代将軍・吉宗の時代には、天一坊改行を名乗る山伏が吉宗の落胤《らくいん》を詐称して浪人

られています。この事件は、大岡越前守《えちぜんのかみ》の『大岡政談』でも知

保江　いろんなエピソードがあるのですねえ。それにしても、鈴ヶ森だけで20万人とは驚きました。

佐久間　凄い数でしょ。享保期（1716～1736）といえば、8代将軍・吉宗の時代ですが、この頃の江戸の人口は100万人を超えたといわれています。でも、江戸の各刑場では毎年数千人が刑場の露と消えたと考えると、凄い比率ですよね。

僕は昔、仕事の関係で鈴ヶ森のすぐそばを車でよく走りました。あのあたりを通るのはいつも深夜。運転中に刑場跡のこんもりした暗闇が視野に入ると、首筋のあたりが何となくひんやりした思い出があります。刑場跡には、磔台や火刑台、首洗いの井戸がいまでも残っていますよ。

鈴ヶ森刑場と同じ慶安4年に創設された小塚原刑場も明治に入って廃止されましたが、やはり累計20万人が処刑されたそうです。ここには霊たちを回向《えこう》する回向院が建てられました。幕末期にアメリカへの密航に失敗した長州藩の思想家・吉田松陰

は、いまの日本橋小伝馬町にあった伝馬町《てんまちょう》牢屋敷で斬首され、その亡骸は弟子たちによって回向院に埋葬されたのです。江戸時代の大泥棒・ねずみ小僧次郎吉は市中引き回しの末に、小塚原で磔にされました。

小塚原刑場は腑《ふ》分け（解剖）の地としても知られ、明和8年（1771）には蘭方医の前田良沢《りょうたく》と杉田玄白が刑死者の腑分けに立ち会いました。有名な『解体新書』の出版には、このときの腑分けが大いに役立ったのです。

地下鉄日比谷線やつくばエクスプレスの建設工事の現場からは、泥まみれの髑髏《どくろ》がゴロゴロ見つかったそうです。ちなみに、小塚原は「骨ヶ原」とも書きます。鈴ヶ森にしろ、小塚原にしろ、「有名人」はごく一部であり、刑死者のほとんどは無名の人々です。

小塚原に近い南千住には続々とタワーマンションが登場しましたが、あの下には無数の骸骨が埋まっているはずです。マンションの住民の方々には地元の歴史を勉強していただき、地下に眠る不憫《ふびん》な霊たちを供養していただきたいと思いますね。都内のどこかの駅前で公園になっている場所、妙な所が空き地になっていたり施設が建っていたりするのは、人骨の上と見てほぼ間違いないでしょう。

保江　江戸時代の刑場に消えた人々、関東大震災や東京大空襲の犠牲となった人々を思うと、いまの東京都民は無数の遺骨の上で暮らしているようなものかもしれないですね。

それにしても、いろんなエピソードをよくご存じですね。この機会に、佐久間さんには東京のおっかない暗黒世界や面白い歴史エピソードを大いに語っていただきたいですね。

佐久間　頑張りま～す！

馬捨て場で斬首された近藤勇の首は行方不明

保江　もう少し、刑場の話を聞きたいと思います。とても面白い。

佐久間　小塚原刑場は日光・奥州街道へ続く千住宿の近くに、鈴ヶ森刑場は東海道・品川宿の南に設置されました。八王子の大和田刑場も甲州街道筋ですね。江戸を起点とする五街道のうち3本の街道沿いにそれぞれ刑場を置いたのは、江戸へ入ろうとする人間への見せしめのためです。

江戸で悪事をはたらくとこんな目に遭うぞ、という一種の脅しですよね。晒し首や火あぶり・磔にされた姿を見せつけられれば、誰でも肝を冷やしますよ。一定の犯罪抑止力にはなったはずです。でも、きっと街道を行き来する旅人たちは怖いもの見たさに刑場をのぞき込んだと思います。もし、いまの時代に獄門・磔があれば、僕は真っ先に刑場へ見学に行きますよ、野次馬根性丸出しで（笑）。

そうそう、幕末の頃に中山道の最初の宿である板橋宿の近くにあったとされる板橋刑場では、新選組局長の近藤勇が斬首されました。ここはもともと「馬捨て場」だった場所で、新政府軍がたまたま処刑に利用した一時的な刑場でした。

近藤勇の首は板橋刑場から京都に送られ、鴨川の三条河原に晒されました。全盛期の新選組は薩長を中心とする倒幕勢力を血祭りにあげただけに、新政府軍の近藤に対する恨みは深かったのでしょう。その後、近藤の首がどこへ行ったのかは、いまでも謎とされています。ＪＲ板橋駅のすぐそばに近藤勇の墓所がありますが、あそこには首はないでしょうね。

保江　街道沿いに刑場を置いて見世物にしたのは、「江戸に来るな」ということ？

佐久間　というよりも、「江戸で悪いことをしたら命はないと思えよ」という権力者、つまり徳川幕府のメッセージでしょう。刑場が置かれた慶安4年の頃といえば、3代将軍・家光が病没した年です。家康が江戸に入府したのが天正18年（1590）、その15年後が大坂夏の陣です。これで豊臣氏は滅亡したものの、寛永14年（1637）には島原の乱が起こり、天草四郎を首領とするキリシタン農民が幕府に歯向かいました。徳川幕府の基盤はまだ不安定だったと思います。江戸の刑罰の厳しさを対外的にアピールして、治安を維持する必要があったのではないでしょうか。

保江　なるほど、刑場の露と消えた人々が怨霊となって、映画や怪談のネタになったり心霊マニアを喜ばせたりするようになったのか……。

佐久間　関白・豊臣秀吉によって領地替えを命じられた家康は、江戸城に入城し関東支配に邁進するのですが、荒れ果てた関東平野を初めて目にした家康は絶句したと思います。きっと「どうする家康？」って感じで天を仰いだことでしょう。

もともと、江戸を含む関東は〝蝦夷地〟、つまり野蛮な国という位置づけでした。古代、北九州の防衛にあたった防人《さきもり》の多くは「東夷《あずまえびす》」と呼ばれる関東の出身者でした。明らかに蔑称ですよね。京都を中心とする西国の都人がいかに関東を蔑《さげす》んでいたかが分かります。平安時代に朝廷を相手に叛乱を起こし関東を制圧して「親皇」を名乗った平将門も「坂東武者」です。

家康が開府した頃の江戸は、海岸線がいまの田町・日比谷・霞が関・新橋あたりまで入り込んでいて、現在の日本橋や有楽町の一帯は海面近くまで砂州だったのです。いまの東京の都心なんて、葦《あし》や萱《かや》が生える湿地帯だらけ。とても人が住める場所ではありませんでした。

さて、鈴ヶ森刑場の話をもう少し。鈴ヶ森の近くの立会川に浜川橋が架かっています。家康が入府してまもなく架けられたようです。浜川橋の別名は「泪橋《なみだ》」。鈴ヶ森で処刑される罪人は、裸馬に乗せられて江戸から刑場に護送されました。そっと見送りにきた親族たちは、この橋で涙を流して今生の別れを惜しんだと伝わります。これが泪橋の由来ですね。

保江　悲しい思い出が刻まれた橋なんですね……。

佐久間　橋そのものは、昭和9年（1934）に架け替えられたそうです。実は、小塚原刑場近くにも泪橋がありました。思川《おもいがわ》に架かっていた橋で、現在は暗渠《あんきょ》となっているので昔の面影はどこにも見当たりません。台東区と荒川区の境に、かろうじて「泪橋」交差点が残っています。橋の名の由来は鈴ヶ森と同じで、小塚原の仕置場に赴く囚人を見送る人々が流した涙から命名されました。

昭和40年代に『少年マガジン』に連載されアニメにもなった『あしたのジョー』には、この泪橋が登場しますね。少年院帰りの矢吹丈（ジョー）は、泪橋の下にある丹下拳闘クラブという粗末な掘っ立て小屋で酒浸りの丹下段平の指導の下、一流ボクサーへの道を歩み始めます。たしか、宮部みゆきさんの小説『火車《かしゃ》』にも、小塚原の泪橋が出てきます。

鈴ヶ森刑場跡から品川駅方面に1キロほど上った京急・青物横丁駅の近くには、海雲寺という古刹《こさつ》があり境内に平蔵地蔵が祀られています。幕末の頃、鈴ヶ森刑場で番人をしながら町に出て施しを受けていた3人組の乞食がおり、そのうちの一人が平蔵です。ある日、南品川の道端で１００両余りの大金が入った財布を拾った平蔵はこれを猫ばばせずに落とし主が現れるのをじっと待ち、大慌てで戻ってきた仙台藩の若い武士に返したのです。

　お礼にと差し出された20両も受け取らなかった平蔵は、２日分のわずかな稼ぎだけをもらって小屋へ帰りました。すると、２人の仲間は、「１００両あれば乞食暮らしをやめられたのに、なんてバカな奴だ」と激怒し、酔った勢いで激しく殴り続けたところ、平蔵は死んでしまいました。平蔵の死を知った仙台藩士はその遺骸を引き取り、青物横丁の松並木の下に葬って石仏を置いたのです。これが平蔵地蔵の由来で、のちに海雲寺に移されました。

保江　これも悲しい話ですね。正直者がバカを見る典型的なパターン……。

佐久間　刑場跡の近くにお地蔵さんがいる風景は、よく見かけますね。先ほどお話しした八百屋お七を祀《まつ》るお七地蔵も京急・大森海岸駅近くのお寺に鎮座しています。南品川の願行寺《がんぎょうじ》には「しばり地蔵」があり、病・災難・貧困を代わりに引き受けてくれるお地蔵さんとしていまでも信仰を集めているようです。小塚原刑場跡の近くでは、回向院の分院である延命寺に鎮座する高さ4メートル近くの首切り地蔵が目を引きます。

異色な組み合わせでは、巣鴨のとげぬき地蔵と巣鴨プリズンがありますね。このお地蔵さんが登場したのは江戸時代ですが、とげぬき地蔵の近くにあった東京拘置所は戦後、連合軍に接収され、巣鴨プリズンとして日本の戦争犯罪人（政治家・軍人）を収容しました。東京裁判で死刑判決を受けた東条英機ら7人のA級戦犯がここで絞首刑に処されたのは、記憶に新しいところでしょう。

先ほどの「谷」が付く地名で思い出しましたが、渋谷区の幡ヶ谷には300年ほど前に建立された牛窪地蔵尊があります。実は、牛窪には極悪人専用の刑場があり、牛を使って死刑囚を股裂きの刑に処したと伝わっています。のちに牛窪を襲った疫病は刑場で残酷な殺され方をした罪人の祟りだろうといわれ、地蔵尊が建立されたそうです。

保江　江戸には刑場があっちこっちにあったんですね。おどろおどろしい刑場を江戸の各地に配置して、無宿人たちや流れ者に睨《にら》みを利かせたのか……。

佐久間　刑場が多かったというより、悪人がたくさんいたのでしょう。悪人というより、犯罪予備軍といったほうがいいかもしれない。無宿人と呼ばれた連中ですね。当時の江戸はいわば新興都市ですから、全国各地からいろんな人間が働き口を求めて江戸へ流れてきます。一攫千金《いっかく》を狙った人間もたくさんいたでしょう。

でも、職が見つからず、橋の下で暮らすなどしてホームレスになる者も多かったのです。幕府による無宿人狩りも頻繁に行われました。江戸時代の戸籍は、菩提寺が管理する「宗門人別改帳《しゅうもんにんべつあらためちょう》」に記載されていました。ところが、親から勘当された不良児などは、人別帳から除籍され戸籍を失い無宿人になって悪事に手を染めることがあったのです。

池波正太郎の時代小説『鬼平犯科帳』の主人公・鬼平は、実在した火付盗賊改方《あらためかた》長官の長谷川平蔵です。平蔵は無宿人の収容所として江戸石川島（現・中央区佃）に人足寄場《よせば》を設置して生業《なりわい》を授けました。

保江　いやあ、よく知ってますね〜。

新橋で火あぶりの刑に処された50人のキリシタン

佐久間　鈴ヶ森刑場の前身は、東海道から江戸府内への入り口であった高輪大木戸（現・港区高輪2丁目）付近に置かれた芝高輪刑場と、いまの新橋にあった江戸正面入り口にあたる芝口御門（札ノ辻）近くに置かれた芝口札ノ辻刑場でした。

元和9年（1623）、3代将軍・家光の命令で札ノ辻刑場において、50人のキリシタンが火あぶりの刑で命を奪われました。東海道の入り口からよく見えるこの小高い丘に、50本の柱が立てられたのです。のちに「元和《げんな》の大殉教《だいじゅんきょう》」と呼ばれる見せしめの公開処刑ですね。カトリック高輪教会には、「江戸の殉教者顕彰碑」が立っています。

殉教者中の一人である原主水《もんど》は、かつて家康に仕えた直臣でした。慶長5年（1600）に受洗した主水は、その2年後のキリシタン追放令で逃亡。各地に潜伏したものの捕縛されました。額に十字の烙印を焼かれた挙げ句に両手両足の指をすべて切断され、足の腱も切られたそうです。当時の将軍であった家光のキリシタンに対する憎悪の激しさがうかがえます。
刑の執行日、後ろ手に縛られ首に縄をかけられた主水らは馬に乗せられて日本橋から札ノ辻刑場へと引き回され、磔のまま火あぶりにされたのです。実を言うと、この原主水は、僕と保江さんが大東流合気武術の名人・佐川幸義先生の下で一緒に修行したO先輩の遠い血筋にあたる人だそうです。

保江　えっ、O先輩と血のつながりがあるのですか。それは知らなかった……。O先輩の高祖父・原胤昭《たねあき》が幕末の与力で、明治の初めにアメリカ人宣教師から洗礼を受けたクリスチャンだったと聞いたことはあります。しかもこの人は、刑期を終えて出獄した人を保護する事業を始めたらしい。深い因縁を感じますね。もしかしたら、主水さんの魂が400年の時空を超えて胤昭に宿ったのかもしれないですね。

佐久間　まさに、そのとおりですね。列強のプレッシャーによって明治政府がキリスト教禁制の高札を撤去しキリシタンが自由を得たのは、明治6年（1873）です。長く苛烈《かれつ》な迫害でした。全国で殉教死したキリシタンは相当な数に上るでしょう。
ただ、ここで指摘しておきたいのは、キリスト教の布教と植民地化はワンセットだってことです。大航海時代のスペインやポルトガルは布教を武器に世界各地へ進出し植民地化しました。彼らの侵略によって、南米大陸では数千万人の先住民が殺戮されたそうですよ。

豊臣秀吉が天正15年（１５８７）にバテレン追放令を発したのは、来日したイエズス会が日本人を海外に売り飛ばす奴隷売買に手を染めていたからです。家康もキリシタン勢力の拡大を警戒して禁教令に踏み切りました。秀吉や家康の禁教政策がなければ、日本はフィリピンみたいになっていた可能性があると思いますね。

それにしても、鈴ヶ森や小塚原で首をちょん切られた罪人にしろ、切腹に追い込まれた武士にしろ、「ひと思いにやってくれ」みたいな感覚は、戦後生まれの僕みたいな甘ちゃんにはまったく理解できません。

でも、そういう潔い気持ちってのは、昭和20年頃までの日本人にとっては普通のことだったのかもしれませんね。恥じるより死を選べ、ということかな。ちなみに、「道」という字は「首を持って歩く」姿を表すといわれますね。

保江　本当だ、自分の首を持ってね。

佐久間　戦国時代のあとの日本は、小さい国が寄り集まってできた列島ですよね。武士にとっては、藩こそが自分の国だという感覚でした。

保江　そうそう、昔は藩が一つの国家だった。

佐久間　それだけに郷土愛も深いし結束力も強い。幕末の薩摩藩なんかは、世界の4分の1を領土にする大英帝国に戦争を仕掛けたし、長州藩はアメリカ・イギリス・フランス・オランダの四ヶ国連合艦隊を相手に喧嘩を吹っかけました。こんな無謀な争いを始めるのも郷土愛と団結心のなせる業でしょうか。でも、薩英戦争ではイギリス軍に大損害を与えたし、薩摩軍は健闘しましたよね。

保江　健闘というよりも、あれは実質的にはイギリスに勝っていた戦です。

佐久間　英明な藩主・鍋島閑叟《かんそう》が率いる肥前佐賀藩は、日本最大の洋式軍隊を持っていました。その点、薩長の頭と技術ははるかに遅れていましたね。閑叟は欧米の科学技術に追いつくことをひたすら目指した。尊王も攘夷も視野になし。反射炉から蒸気軍艦、アームストロング砲まで造っちゃう。

保江　佐賀藩が製造したアームストロング砲は、イギリス製アームストロング砲をただ真似して造ったわけじゃない。閑叟は選抜した秀才藩士にこの最新式の大砲を徹底的に研究させ、独自に改良を重ねたのです。鍛冶屋、つまり精錬方の技術者も頭が良かったのでしょう。

この「佐賀砲」の凄いところは、砲身の内側にライフリングを刻んだことです。施《し》条《じょう》砲にして砲弾を螺旋《らせん》状に回転させれば、飛距離と威力が格段に上がることを知っていたのですね。さらに、イギリス製アームストロング砲の砲身は円筒形だったのに対し、佐賀砲の砲身は先端に向かって円錐形です。同じアームストロング砲でも月とスッポン。だから、薩英戦争では、海上にいる英国艦隊のアームストロング砲の砲弾が薩摩軍の陣地に届く前に、薩摩が借り受けた佐賀砲の砲弾が先に届いて英国艦隊に大損害を与えることができたわけ。話が東京を飛び出して、九州に行っちゃったな……。

陸軍軍医学校と陸軍中野学校に彷徨う霊たち

保江　ところで、僕は愛車で都内のあっちこっちを走り回るのだけど、なんとなく嫌な感じがする場所があるんですよね。

佐久間　僕も昔は運転手の仕事をしていましたから、鈴ヶ森みたいに嫌な感じを受ける場所も通りました。小菅刑務所とか。保江先生のお住まいの裏を走っている首都高2号目黒線は、気持ちよく運転できますね。

保江　そうなんですよ、いい感じの所もあるの。僕の拠点である白金から、例えば御茶ノ水方面に用事があって車で向かうとき、皇居があるからその東側か西側のどちらかから回り込まないと行けません。タクシーに乗ると必ず麻布十番〜六本木〜桜田門を通るのだけど、このコースはなぜか嫌いなの。

いろいろ失敗を重ねて見つけたのが、白金〜一ノ橋〜日比谷通りのコース。日比谷通りに出れば、あとは皇居前まで北上すればいい。和田倉門橋の手前を右折して行幸通りを東京駅方面に進み、鎌倉橋を上がって上野・不忍池に出て白川通りから御茶ノ水界隈《かいわい》に向かいます。かなり回り道するけど、そのコースがいちばん気分いいのです。去年の秋、皇宮護衛官と飲んだときにその話をしました。「さすがですね。分かっていらっしゃいますね」って言うから、「何が？」と聞き返すと、日比谷通りは「龍の通り道」、つまり龍脈なんだって。だからいつも空いているし、気分よく走れる。

戦後、GHQに接収されマッカーサーが執務した第一生命館、帝国劇場、帝国ホテルと立派な建造物はすべて日比谷通り沿いに建っています。明治時代に日本初の近代的洋風公園として完成した日比谷公園もそうですね。そうそう、徳川家の菩提寺である増上寺も日比谷通り沿いですね。

聞くところによると、龍は北斗七星の柄杓《ひしゃく》の形をした日比谷通りを走り、大手門から江戸城に入るそうです。この日比谷通りは、都内で僕が飛ばせる唯一の場所。気持ちよく運転できる理由が、これで分かりました。たぶん、あの一帯は死者の数も少ないのではないかな。

佐久間　家康が入府した頃の日比谷は、まだ海だったでしょう。あのあたりは湿地帯も多く、埋め立てによって大名の武家屋敷が立ち並ぶようになったのです。だから、死者はほとんどいなかったはず。あの一帯を掘っても人骨は出てこないでしょう。

保江　そうですね。僕は増上寺が日比谷通りの要だと思います。いざとなったら日比谷通りに逃げようと、前から目を付けているんです。御茶ノ水へ向かうときは、行きも帰りも必ず日比谷通りを通って白金に戻ってきます。なぜか知らないけれど、気分がいいんですよ。

佐久間　人骨といえば、新宿区の戸山公園。心霊スポットとしても、すっかり有名になりましたね。以前、この公園で中国武術の練習をする知り合いがいて、練習後はいつも調子が悪くなると言っていました。

保江　えっ、あの大きな公園が？

佐久間　戸山公園がある一帯は、人骨がゴロゴロ出土した場所です。平成元年（1989）の夏、公園近くの国立感染症研究所の建設工事中に地下2メートルから100体分くらいの頭蓋骨や大腿骨が見つかりました。専門家が鑑定したところ、「日本人とは異質と見られる人間の骨」だったそうで、のこぎりの痕が残っていたとか。

保江　いつの時代の骨なの？

佐久間　それには諸説あるようです。あっち系の市民団体がアピールした影響もあるのだろうと思いますが、世間は、かつての日本陸軍が細菌戦の研究のために創設した関東軍防疫給水部本部（通称・七三一部隊）と関連がある人骨だと見なしています。人体実験に使われた人間のものだということです。たしかに、そこはかつて陸軍軍医学校が建っていた場所です。七三一部隊を率いた石井四郎（中将）は、この軍医学校の教官でした。

保江　人体実験か……。

佐久間　ついでに言うと、石井四郎ひきいる七三一部隊は昭和14年（１９３９）から敗戦の年まで、満州のハルビン郊外で人体実験を繰り返し細菌兵器の開発にのめり込みました。中国人、ロシア人をはじめモンゴル人、朝鮮人、アングロ・サクソン系の白人などが七三一部隊に送り込まれました。「マルタ」（丸太）と呼ばれた彼らはあらゆる人体実験・生体解剖に使われ、３０００人以上が犠牲となったといわれます。敗戦後、石井らはＧＨＱと取り引きし、実験データを提供することで戦犯を免れました。戦後、七三一部隊にいたことを隠して医者を続けた人間は何人もいます。90年代の薬害エイズ事件で有名になったミドリ十字も、石井部隊の残党が設立した会社でしたね。

さて、新宿の戸山公園まで来たので、次は陸軍中野学校に足を延ばしましょうか。

保江　陸軍中野学校か。市川雷蔵主演の映画『陸軍中野学校』シリーズを思い出しますね。歳がばれるか……（笑）。僕は以前、2度ほど中野に行ったことがあります。1度目は、日テレの元ディレクターだった矢追純一さんが昔よく通ったバーに行こうと誘われて。そこは一度入ったら出られないほどの飲み屋の路地。その後、昼間にもう一度行くと、中野駅北口を出てすぐのビルの中をくり抜いたような商店街でした。

佐久間　中野ブロードウェイですね。去年閉館した中野サンプラザと並ぶ中野のランドマークです。昭和41年（1966）、日本に初めて登場したショッピングセンターと集合住宅が合体した建物です。昔のテレビドラマ『意地悪ばあさん』でばあさん役を演じた青島幸男や沢田研二などの有名人が中野ブロードウェイに住んでいましたね。

保江　〝意地悪ばあさん〟より元都知事と言ってあげましょう。そのブロードウェイで、高級腕時計の店がずらっと並んでいたのには驚きました。知り合いが教えてくれたけど、月に何億円も稼ぐユーチューバーが、趣味で超高級時計を扱う店を持っているらしい。その影響で、時計屋がどんどん増えたんだって。

佐久間　そうらしいですね。中野ブロードウェイは、「時計の聖地」「サブカルの聖地」として有名なんです。

保江　高級時計を買い求めに、世界中からお金持ちが集まってくるらしいですね。1個何千万円の時計がポンポン売り買いされるんですって。でも、その脇に1杯100円の飲み屋があるわけ。その無秩序なぐちゃぐちゃ感が、なんとも不思議でした。

佐久間　あそこは「東京の魔窟」みたいな所。飲食店や生活雑貨店などが所狭しと並んでいるでしょう。300軒以上はあるんじゃないでしょうか。かつての香港の九龍城を彷彿《ほうふつ》とさせますね。

保江　そうですね。いやいや、話が脱線しちゃったけど肝心の陸軍中野学校はどの辺にあったのですか？

佐久間　JR中野駅北口から徒歩5分ほどで「中野四季の森公園」に着きます。平成13年（2001）まで警察庁警察大学校や警視庁警察学校が建っていた場所です。そこに昭和14年から20年まで存在したのが、陸軍中野学校です。その東隣には陸軍憲兵学校がありました。憲兵学校の人間は、隣の建物が諜報員養成機関だとは知らなかったそうです。公園の左手にある東京警察病院の敷地内には、「陸軍中野学校趾」の石碑が残っています。

公園そのものは明るくて感じのいい所で、僕は好きですね。ただ、聞くところでは中野学校が建っていたあたりは、たくさん出るらしいですよ。

保江　人骨が？

佐久間　人骨ではなく、幽霊が……。

保江　えっ、どうして？

佐久間　気持ちがまだ中野学校に残っているからでしょう。

保江　校内で事故死した人、あるいは諜報活動中に敵側に消されたOBが成仏できずに中野学校に戻ってきたのかな。

佐久間　人づてに聞いたことなので本当かどうか怪しいのですが、校内で死んじゃった人がかなり多かったみたい。

保江　やっぱり校内で……。いじめかな？　それとも教官の指導が厳しすぎた？

佐久間　首を鍛えるためにロープに吊るすとか、不慮の事故が結構あるかも。

保江　そうですよね。柔道の稽古中に絞め技で力を入れ過ぎたとかね。

佐久間　でも一説によると、中野学校で指導した武技は剣道と合気道ですから、絞め技で死ぬことは考えにくいですね。忍術家の藤田西湖《せいこ》が甲賀流忍術を教えたこともあったので、紐でも首に巻き付ける術があったのかな？

中野学校では秘密戦のための諜報・謀略・防諜・宣伝を主に教育しましたが、戦局の悪化で昭和19年に設立された陸軍中野学校二俣《ふたまた》分校は、遊撃《ゲリラ》戦の幹部要員を短期間で養成しました。フィリピン・ルバング島のジャングルで敗戦を知らずに30年間、一人で戦い続けた小野田寛郎は二俣分校の1期生です。たった3ヶ月の訓練で、情報将校としてフィリピンに派遣されたんですよ。

保江　30年もジャングルにこもって戦い続けるなんて、鋼鉄の意志力ですね。普通の人間なら、1ヶ月で頭がおかしくなっちゃう。たしか、小野田さんのジャングルでの壮絶な日々を描いた映画がありましたよね。

佐久間　3年前の『ONODA　一万夜を越えて』でしょう。

子どものキラキラネームは魔が入りやすい

保江　先日、月刊『ムー』の三上編集長に会いました。彼によると、東京にはいろんな霊が彷徨《さまよ》っているらしい。
　霊の目撃データを分析したところ、大型トラックに潰されたとか、買い物中に通り魔にめった刺しにされたとか、悲惨な死に方をした人の霊が残るんだって。病死、自然死した人の霊は残らない。

佐久間　念の作用ですかね。

保江　また話が少しずれるけど、幼い子が犯罪に巻き込まれて亡くなるニュースがしょっちゅう流れるでしょ。そのたびに心が痛むのだけど……。僕はね、犯罪被害者になる幼子に、ある共通点を見つけちゃったの。変ちくりんな名前が実に多いのですよ。

昔からなじみのある太郎とか良子とか、ごくありふれた名前の子は被害に遭わない。名は体を表すっていうように、名前は言霊《ことだま》なんです。奇妙きてれつな名を授ける親には、自覚してほしいんですよね。

外国人は、ジェイコブ（ヤコブ）、ジョン（ヨハネ）、アーロン（アロン）、アダム、ダニエル、ダイアナ、イザベル、サラなど、男女を問わず聖書に由来する名を付ける人が多いでしょ。これって、意外に大事なことだと思います。

佐久間　20年ほど前、おバカな父親が息子に「悪魔」と名付けて出生届を出した事件がありましたね。役所は受理せずに裁判沙汰になったそうですが……。水木しげるのマンガに『悪魔くん』がありましたが、その読みすぎかな。

保江　ありましたね、そんなことが。とんでもないですよね。いまの若い親には我が子の将来を真剣に考えてほしいですね。流行りのキラキラネームは危険だし、魔が入りやすい。悪魔崇拝とは言わないけど、サタニスト的な名前は結構見かけます。子どもがかわいそうですよ。

佐久間　不幸を背負っちゃいますからね。

保江　そうです。「名前」の発音を聞けばすぐ分かる。日本語は「なまえ」、英語は「ネーム」、フランス語は「ノム」、ドイツ語は「ナーメン」。どれも似ているでしょ。つまり、人の名前って言語を超越した何かなのです。聖書に「はじめに言葉ありき」とあるけど、日本的には「はじめに言霊ありき」です。伝統的な名前を踏襲すればいい。

佐久間　同感です。また話が刑場に戻りますが、新宿区東部の市ヶ谷には昔、2つの獄がありました。よく混同されるのですが、市ヶ谷監獄（1875～1910）と、大正11年に東京監獄から改称した市ヶ谷刑務所（1903～37）で、お互いに隣り合っていました。三島由紀夫が割腹自決した陸上自衛隊市ヶ谷駐屯地がある一帯です。市ヶ谷監獄で思い出すのが、山田浅右衛門です。

保江　死刑執行人の「首切り浅右衛門」ですね。

佐久間　はい。江戸時代から刀剣の試し切りを生業とした山田家は、明暦の初代から9代目まで代々「山田浅右衛門」を名乗りました。首切りの経験を生かし刀剣の鑑定も手がけた山田家は、首を落とした罪人の肝臓や胆嚢《たんのう》を原料に「新薬」を開発し販売していたそうです。

保江 それは凄い。山田家の副業ですね。まるで、熊の胆《い》（クマの胆嚢）と同じような感覚みたい。熊胆《ゆうたん》はいまでも高価な生薬として売られていますね。

佐久間 こういうのを役得っていうのでしょうか。山田家の秘伝薬は、当時死病といわれた労咳《ろうがい》（結核）に効いたとされ、多くの人が買い求めたとか……。

しかし、明治15年（1882）の斬首刑廃止とともに、山田家はお役御免。最後の山田浅右衛門・吉亮《よしふさ》が市ヶ谷監獄で首を斬り落とした罪人で有名なのが、「明治の毒婦」と呼ばれた高橋お伝《でん》、「明治維新の三傑」の一人であった大久保利通を斬殺した島田一郎ら6人の刺客、新政府顚覆《てんぷく》を目指した元米沢藩士・雲井龍雄などです。

保江 山田浅右衛門は首切りの職を失い、おまけに臓器が手に入らないから妙薬も作れなくなった。踏んだり蹴ったりですね。収入が激減したでしょう。

佐久間 山田浅右衛門・吉亮が高橋お伝を斬首するときの話をしましょう。ハンセン病で夫を亡くした高橋お伝は、郷里の上州を出て東京へ向かいます。そこで情夫を持ったものの借金がかさみ、春をひさいで生活の糧を得る状態でした。ある日、知り合った古着商を金目当てに宿屋へ連れ込み、剃刀《かみそり》で喉を切り裂いて殺害したのです。

保江　凄まじいね。明治の「阿部定事件」みたい。

佐久間　2年余りの裁判の末、お伝は市ヶ谷監獄で斬首刑に処せられることになり、最後の浅右衛門が呼ばれたわけです。吉亮は少年時代から試し斬りの技を磨いてきた名手です。

刑場に引き出されたお伝の肌は透き通るほどに白く、男を悩殺する妖気をたたえていたとか。ところが、いざ浅右衛門が刀を振りかぶろうとすると、お伝は「申し上げることがございます。どうぞお聞きくださいませ」と声を上げ、しまいには身もだえしながら情夫の名を叫びはじめたそうです。お伝の最後の悪あがきには、泣く子も黙る首切り浅右衛門もひるみました。

引き倒されまいと必死に泣きわめくお伝に、吉亮が一太刀を浴びせたものの失敗します。さらに太刀を振るっても首は落ちません。「首の皮一枚を残して斬る」ためには、頸椎の3番と4番の間を狙って太刀を振り下ろさなければなりません。お伝が激しく暴れまわるので手元が狂ったのでしょう。目隠しはすでに外れ、血走った眼《まなこ》が吉亮をにらみつけます。獄吏が寄ってたかって押さえつけたところ、お伝はようやく観念し念仏を唱え、首を差し出したそうです。

保江　据えもの斬りは得意でも、動く相手を斬るのは容易じゃないですね。最後の浅右衛門にとっては、初めての難敵だったわけですか。でも、そのときお伝は縛られていたんでしょ？

佐久間　そのはずです。ただ、女性だから緩めに縛ったのかも。斬首刑というのは一見すると残酷に見えるけど、刃《やいば》の落下で一瞬にして首を切断し絶命させる点では、ギロチンと同じように受刑者の苦痛を最小限にとどめることができます。フランス革命末期に多用されたギロチンによって、パリでは約２５００人が処刑されました。ちなみに、フランスのギロチンは１９８１年の死刑廃止まで使用されました。

日本では、高橋お伝の処刑の３年後に斬首刑から絞首刑に切り替わります。首を狙う点では同じですが、とりあえず斬り落とすのはやめたわけです。でも、その代償として「汚名よりも死を」という葉隠精神、武士の矜持《きょうじ》みたいなものが失われたような気がします。割と平べったい気持ちで刑を受けるようになるんですよね。

保江　なるほど、面白い考察ですね。

東京女子医大病院での謎の死

佐久間　さて、市谷富久町にあったもう一つの市ヶ谷刑務所は余丁《よちょう》町通りのそば、曙橋から新宿方面へ少し行った所にありました。この刑務所では、大逆事件の幸徳秋水らが処刑されましたね。富久町児童遊園には、「東京監獄市ヶ谷刑務所　刑死者慰霊塔」が建っています。

僕は昔、2年ほどタクシーを運転していたので、あの辺はよく知っています。出勤途中の韓国人ホステスが必ず乗るんです。あの一帯も、かなり怪しい場所だと思います。幽霊や人骨が出たと聞いたことはありませんが、何だか怪しい人がウロウロしていますよ。

話が脇にそれますが、市ヶ谷刑務所跡地の近くにある東京女子医大病院の特別室に、

「歩く3億円」の異名をとった大物右翼・尾崎清光《せいこう》が入院していました。40年前の話です。えせ同和行為で役人や企業をゆする手口で巨万の富を築き、政財界や暴力団ともつながっていました。

尾崎が女子医大病院に入院中、キックボクシングの元日本チャンピオンがボディガードを務めていたのです。ところが、その男がスッと消えた途端、3人組が病室に押し入ってサイレンサー付きの拳銃で尾崎を撃ち、ドスでとどめを刺したそうです。

保江　東京女子医大のVIPルームで？

佐久間　そうです。そのとき、尾崎はそのVIPルームで札束を数えていたそうです。

尾崎清光の話を聞いたこともあって、市ヶ谷の土地の歴史に興味が湧きました。

保江　僕も道場での指導の帰りに、車で女子医大病院の脇をよく通ります。たしかに、何だか嫌な雰囲気が漂っていますね。大した交通量もないのに、あのあたりは道路工事が延々と続いているし。

佐久間　近くに若松道場があるでしょ？

保江　若松町の合気会本部道場ね、あるある。だから、あの辺は雰囲気が悪いのかな。

女子医大病院って、医療事故で死亡する患者が結構多いんですよ。「女カルロス・ゴーン」みたいな疑惑いっぱいのオバアチャン理事長が君臨していて、医師と看護師の大量退職が話題になったことがある。

そうそう、女子医大でよくイベントを開催していたスピ系の医者で、オバちゃん信者を集めていた男性も女子医大病院で殺されましたよね。僕も2回ほど会ったことがある人です。通りすがりに後ろからいきなり襲われたらしい。世間的には殺害されたことにはなっていないらしいけど。僕も気をつけようっと（笑）。

あの病院は、殺されたその医者を中心に変な医者ばかり集まっていて異様な雰囲気だったことを覚えています。東京女子医大って、もっと華やかな病院だろうと期待していたのに、全然違う。致命的な医療ミスといい、さっきのＶＩＰルームで暗殺された右翼の大物といい、不幸が起こる下地がすでにあったのでしょうね。

女子医大病院に程近い慶応病院は、その点はまるで違います。同病院2号館の最上階には帝国ホテル直営のレストランが入っている。僕も利用したことがありますが、当然ながらメニューも帝国ホテル並み。しかも、ビールやワインも飲める。喜んでワインを飲んだけど、普通、病院のレストランでアルコールを出すかって。ＶＩＰルームに入院している政治家は大喜びでしょうね。

佐久間　池田大作先生も、本当は10年以上前に慶応病院で亡くなったという死亡説が流れたことがありますね。24年前に文京区本郷の順天堂病院で亡くなった小渕恵三元首相の死因は脳梗塞だと言われていますが……。

保江　怪しいですね。

佐久間　ところで、大物を狙ったテロを起こした犯人で、当初の刑期を切り上げて出獄したケースはいくつかあります。昭和５年（１９３０）、東京駅で浜口雄幸《おさち》首相を狙撃した右翼の佐郷屋留雄《さごうやとめお》は殺人罪で死刑が確定したものの恩赦で無期懲役に減刑され、昭和15年に仮出所しています。大正10年（１９２１）、同じ東京駅で平民宰相・原敬《たかし》を短刀で刺し殺した中岡艮一《こんいち》は無期懲役でしたが、その13年後にやはり恩赦で出獄しました。

なぜか、この２つの首相暗殺事件と比較してしまう人物が、明治34年（１９０１）、明治の政治家・星亨《とおる》を公衆の面前で刺殺した伊庭《いば》想太郎です。剣術家である想太郎は、五稜郭の戦いで官軍相手に奮戦し命を落とした心形刀流《しんぎょうとうりゅう》の剣客・伊庭八郎の弟です。想太郎は私塾で剣術を教えるなどして、東京農学校（現・東京農業大学）の校長や日本貯蓄銀行の頭取まで務めた立派な人間です。だけど、星亨を殺しちゃったんですね。無期徒刑に処され、獄中で病死しました。

保江　暗殺者の背後に黒幕がいるかいないかで、出獄の時期に差が出るのかもしれません。

佐久間　そういうことですね。伊庭想太郎の態度には、「私の一存で凶行に及んだのだから、ちゃんと責任を取ります」という覚悟がうかがえます。でも、黒幕に頼まれて殺した場合は、「なるべく早く（獄から）出してくださいよ」って感じでしょうか。

千円札を残して消えたタクシーの乗客

保江　実は僕、去年の暮れから今年に入って、ずっと調子が悪かったのです。病院を3ヶ所回って検査したけれど異常なし。おかしいなと思って霊能者に見てもらったところ、「もの凄い生霊が憑《つ》いているから、早く除霊してもらわないとヤバいよ」って言われてビックリ仰天。

それで慌てて、石巻（宮城県）の天津神大龍神宮《あまつかみだいりゅうじんぐう》の神職である佐藤さんに会いに行きました。佐藤さんには8年前にも一度お会いしたことがあります。佐藤さんによると、僕に憑いていたのは呪術を使える女性の生霊だそうです。「かなりしぶとい相手だから、これを持って帰りなさい」と、人形《ひとがた》の式神《しきがみ》を下さいました。白金に帰って毎日式神を焼いていたんです。ところが、急にまた具合が悪くなって、鼻水や痰《たん》がどんどん出ました。洟《はな》をかんだところ、鼻の奥から赤黒い、明らかにヤバいと思える塊が飛び出したのだけど、その瞬間、スコーンと抜けた感じがして「あっ、すべて祓い終わったな」と実感しました。

佐久間　エイリアンみたいですね。

保江　先日も石巻に行ってきました。石巻のタクシーの運転手さんから聞いたのだけど、東日本大震災以降、妙な体験をする運転手が多いらしい。道端で手を上げている人を乗せると、「〇〇まで行ってください」と指示されるの。ところが、そこは大津波に呑み込まれて消滅した場所です。「あそこには、もう何もありませんよ」と言っても、「でも、行ってください」と言い張るわけ。仕方ないから目的地まで運転して、ふっと後ろを振り返ると座席が濡れているだけで誰もいません。

佐久間　きっと、津波で亡くなった方が戻ってきたんですね。自分の家に帰りたくて、タクシーを拾った……。

保江　東京のタクシーでも似たようなことがあるみたい。例えば、僕がタクシーを拾って「〇〇〇に行きたいので、六本木トンネルを通ってください」とお願いすると、「あのトンネルね。昼間はオーケーですが、夜はお断りします」なんて言うんです。

「えっ、どうして?」

「あそこはね、もともと青山墓地を掘り返し移設してトンネルにしたからね。霊が迷ってトンネルの脇に立っていることがあるんですよ」

トンネルで女性を乗せ目的地に着いたものの、振り向くと後部座席は無人。でも、運転席と助手席の間にある小さな台の上には千円札がのっていたんだって。これって、物質化現象でしょ。「まだその千円札あるの?」って思わず聞きましたよ。でも、売上金は毎日会社に渡すルールになっているから、どのお札が幽霊の所持金だったかは分からない。

佐久間　タクシーの運転手は、稼ぐお金に集中して霊なんてどうでもいいタイプと、幽霊にまともに遭遇しちゃう人に分かれますね。霊体験のエピソードを持つ運転手は各支部にいますよ。中には、道端の大きなゴミ箱を幽霊と見間違えるケースもあるみたい。

心霊スポット巡りのブームに便乗して、三和交通はここ数年、「三和交通タクシーで行く、心霊スポット巡礼ツアー」を毎年企画しています。開催時期は、もちろん真夏です。

保江　えっ、そんなツアーがあるの。乗ってみたいなあ。都内の道を知り尽くしている運ちゃんがガイドしてくれるなら安心できるでしょ。

佐久間　参加者は抽選で決定するようですね。コースは「横浜」「多魔（八王子）」「不死身野（埼玉）」「不蟲（府中）」の4ヶ所で、「多魔」はオールナイトコース。三和交通HPの「あなたの知らないタクシーの世界　～幽明異境な横浜編」をのぞいてみると、INFERNO（地獄）コースが2時間半、NIGHTMARE（悪夢）コースが3時間です。横浜編なのにスタートが鎌倉駅というのがよく分かりませんが、スポットの一つ「あまりにも有名な某トンネル」は「突然ボンネットに何か霊が落ちてきたり、女性の霊が手を挙げて乗り込んでくるという」場所だそうです。

保江　ハハハっ、あまり怖そうじゃない……。

佐久間　都内の「多魔」「不蟲」コースはツアー当日まで非公開です。東京は、本当に面白い所がたくさんありますよ。

佐久間　幽霊じゃないけど、お隣の国の「生身の人間」に支配されているのが池袋駅北口。あの一帯の歴史は浅いものの、いまでは横浜・神戸・長崎と肩を並べる池袋チャイナタウンですね。80年代に来日した新華僑が形成した堂々たる中華街です。

保江　僕はいままで自分の身内について公に話したことはないのだけど、佐久間さん相手だから、まっいいか。実はね、ウチのカミさんの父親は池袋の「赤ひげ」だったの。その池袋駅北口で医院を開いていました。

佐久間　えっ、そうだったんですか。山本周五郎の『赤ひげ診療譚《たん》』の赤ひげ。黒澤明の『赤ひげ』は三船敏郎が演じていましたけど、あんな感じだったのですか？

保江　まさに、ああいう感じ。いかめしい面構えだけど、心根の優しいオジさん。終戦直後、池袋で春を売って稼いでいた女性たちを無償で診ていたの。カミさんと一緒になるには、「娘さんを僕に下さい」って、赤ひげに言わないとだめでしょ。

初めて岳父の医院を訪ねたのは、僕が23歳の頃。午後4時過ぎだった。まだ診察中で、「待たせておけ！」と奥から野太い声が聞こえてきました。緊張の一瞬です。しばらくして「今日の診察は終わり！」と親父さんが出てきました。「おいっ、俺についてこい！」と言われ、そのまま連れていかれたのが銀座のクラブでした。

佐久間　へぇ～、粋なお義父《とう》さんですね。

保江　「こういうクラブはな、6時を過ぎると一流商社の奴らが来て金を落とすんだ。それまで、オレはただで飲める」。昔、無料で診てあげた池袋の娘たちが、今や押しも押されもせぬ銀座のママになっていたというわけ。親父さんが顔を見せると、「先生、待ってました！」と黄色い声を張り上げて大喜び。でも、「先生」は商売の邪魔にならないよう、エリート連中が来る6時前には引き揚げるのが常でした。さりげない気づかいは、まさに「池袋の赤ひげ」そのもの。

だから、その日も僕と飲んだのは1時間ほどです。いきなり「いいか、一つだけ言っておくぞ」と切り出されたときは、背筋がぴんと反り返った。「ウチの娘を不幸にしたら許さんぞ」とでも説教されるのかと思ったけど、違ったの。「これだけは覚えておけ。気づかれなきゃ、それでいいんだ」と言うわけ。何のことかさっぱり分からなくてキョトンとしていたら、「おまえ、鈍すぎる。さあっ、帰るぞ」と親父さんはクラブを出て、池袋の医院に戻っていきました。

その数日後、岳父の言葉の意味がやっと分かりました。要するに、「俺の娘と結婚したあと、他に女ができても、娘には絶対に感づかれるな。バレなきゃ、それでいいんだ」ということを言いたかったのね。

佐久間　「お嬢さんを下さい」って言いにきた若者を銀座のクラブに連れ出してそんなことを説教するお義父さんなんて、世の中にはまずいませんよ（笑）。昔の男が持っていたダンディズムを感じますね。ところで、保江先生は結婚後、お義父さんの「説教」を忠実に守ったわけですか？

保江　ハハハっ。いくら佐久間先輩でも、それは絶対に明かしません。親父さんのあのセリフを僕も娘の結婚相手に言いたい、とずっと思っているのだけど、連れてくる気配もない。仕方ないから、姪《めい》っ子の相手と会ったときに言ってみたら感動してましたよ。

旧首相官邸は全国一有名な心霊スポット

佐久間　さて、次は池袋から山手線・外回りで上野に向かいましょう。

保江　大学時代は仙台に下宿していたから、上野駅は年に何度も乗り降りしました。東北新幹線なんてなかった時代だし、東北方面へ向かうには必ず上野駅がスタート地点。逆に、東北から集団就職で上京する若者にとっては上野駅が終着点だった。

♪どこかに故郷の香りをのせて　入る列車のなつかしさ　上野は俺《おい》らの心の駅だ～♪

佐久間　『あゝ上野駅』。八ちゃんこと、井沢八郎ですね。工藤夕貴のパパ。

保江　いろいろ思い出は多いのだけれど、上野駅はオイラにとって「心の駅」ではなかったですね。上野はね、僕が行きたくない場所の一つなのです。上野公園のあの一帯。なんか嫌なものを感じるんですよね。芸大、博物館、美術館、動物園といろんな施設がそろっているけど近寄りたくない。

佐久間　上野公園は都内の心霊スポットとして、かなり有名ですよ。お化けが出るいちばんの要因は、幕末の上野戦争だと思います。江戸城明け渡しに抵抗し上野寛永寺に立てこもった彰義隊と官軍が、「上野の山」で激烈な戦闘を繰り広げました。寛永寺には徳川家の霊廟《れいびょう》があるだけに、彰義隊はこの最後の砦《とりで》を死守しようとしたのです。先ほど話に出た伊庭八郎はこの戦に参加し、片腕を失いました。その後、函館まで落ち延びた八郎は、五稜郭の戦いで最期を迎えます。

70年代の映画に『狼よ落日を斬れ』（監督：三隈研次、原作：池波正太郎『その男』）という時代劇がありますが、この作品に伊庭八郎がよく描かれています。主人公の杉虎之助（高橋英樹）と近藤正臣が演じる伊庭八郎が道場内で真剣をもって立ち合うのですが、黒澤映画にも負けない出色の殺陣《たて》だと思います。

さて、彰義隊の兵力は約２０００人で、主な武器は刀と槍です。対する官軍は１万

5000人の洋式軍隊であり、初めから勝負は見えていました。佐賀藩のアームストロング砲2門が火を噴き、官軍はわずか半日で勝利を収めたのです。壊滅した彰義隊は200人以上の犠牲者を出し、残党は東北へと逃走しました。彰義隊の遺体は上野の山のあちらこちらに散在し、官軍はその一体一体に刀を突き刺して死亡を確認したとか。亡骸は3日間も放置されたそうです。

保江　見せしめのために捨て置かれたのでしょうね。強烈な怨念を晴らす機会もなく、彰義隊の兵たちはいまでも上野の山を彷徨っているのかもしれませんね。

佐久間　彰義隊の墓は、「上野の西郷さん」（西郷隆盛像）の背後にあります。まるで、西郷さんが背中でにらみを利かせているかのようです。彰義隊の墓所といっても、墓石には山岡鉄舟の筆による「戦死之墓」の字が大きく刻まれているだけで、明治新政府にとって賊軍である「彰義隊」の文字はありません。

保江　勝てば官軍。当時の江戸っ子は彰義隊に同情したでしょう。

佐久間　箸休《はし》めに、少し明るい話題を一つ。隣駅の御徒町には、僕の好きなミリタリーショップ・中田商店があります。昔は中田商店でタクティカルジャケットや革ジャン、ウェストバッグなんかを見たあと、上野の本屋で買った小説を喫茶店でゆっくり読むことが楽しみでした。

保江　中田商店は良いですよね。ミリタリーショップの草分け的存在でしょ。創業者の中田忠夫は、戦闘服を戦後日本のファッションに組み込んだ偉大な人ですよ。あの人、たしか米軍払い下げ？の戦車を持っているはず。僕も欲しい。白金は無理だから岡山の実家の庭で乗り回したいんです（笑）。売ってくれないかなあ。

佐久間　凄いですね、戦車まで所有しているんですか。でも、創業者は5年くらい前に亡くなりましたよ。

保江　それは残念。あの店は、アメリカ、ドイツ、フランスはもちろん、ロシア、ポーランド、チェコ、中国人民解放軍、そして自衛隊のミリタリーグッズまでそろえている。あれだけ品揃えの良いショップは他にないでしょ。さらに、客層もミリタリー・オタクに限らず、子どもから大人までと幅広いですよね。

佐久間　創業者は北京で終戦を迎えた人です。引き揚げまでに辛酸をなめたようで、「二度と戦争を起こしてはいけない」と誓い、そのためには戦争のことを大衆にもっと知ってもらう必要があると目覚め、あの商売を始めたそうです。

保江　なるほど、平和主義者だったのか。それで、戦後は進駐軍の放出品の収集を手がけたんですね。ミリタリーグッズで平和に貢献しようという逆転の発想だ。素晴らしい！

佐久間　戦争の記憶を風化させないよう、たとえ利益が薄くても手頃な価格に設定したこともブームを呼ぶきっかけになったようです。トム・クルーズが『トップガン』（１９８６年公開）と『トップガン　マーヴェリック』（２０２２年公開）で着ていた米海軍のフライトジャケットは売れ筋だそうですよ。

保江　僕も持ってます。トム・クルーズが『トップガン　マーヴェリック』で着ていたＣＷＵ－36Ｐ。あれを着ると10歳は若返る（笑）。

佐久間　次は、上野から霞が関に向かいましょう。僕は昔、通産省（現・経済産業省）の運転手を３年足らずやりました。昔の首相官邸、国会は毎日のように行き来しましたね。あの一帯（永田町・霞が関）は、昭和11年（１９３６）の二・二六事件で、陸軍皇道派青年将校ひきいる部隊に占拠されました。内大臣・斎藤実《まこと》、蔵相・高橋是清《これきよ》、教育総監・渡辺錠太郎らが殺害され、侍従長の鈴木貫太郎が重傷を負ったのです。

保江　いちばん頼りにしていた側近を殺され、昭和天皇は「朕《ちん》自ら近衛師団を率い、叛乱軍の鎮圧にあたる」と激怒された大事件ですね。

佐久間　首相官邸も決起部隊の襲撃を受けました。岡田啓介首相は風呂場に隠れ、そのあとに女中部屋の押し入れに潜んで奇跡的に難を逃れたのです。官邸に一緒に住んでいた義弟が身代わりに殺されました。顔が似ていたので首相と間違われたのです。

あの首相官邸は、二・二六事件の4年前に起きた五・一五事件でも襲われ、当時の犬養毅《いぬかいつよし》首相が射殺されました。官邸が2度も軍靴に踏みにじられたことになる。あそこは犠牲者の幽霊が出る、といまでも噂《うわさ》されています。警護にあたっていた警察官も襲撃部隊に殺されましたからね。

ちなみに、新しい首相官邸は平成14年（2002）に竣工。旧首相官邸はその後、解体せずに移動し、首相公邸として使用されています。3年前、岸田首相が公邸、つまり叛乱軍に襲われた旧官邸に引っ越したあと、「幽霊は出ましたか？」なんて記者から質問が飛び出しました。旧首相官邸は、全国でいちばん有名な心霊スポットです。

保江　僕は以前、安倍昭恵さん（故・安倍晋三元首相の夫人）のお招きでかつての首相官邸に入ったことがあります。

佐久間　えっ、そうなんですか。弾痕が残っていませんでした？

保江　弾丸の痕もあったし、焚き火の痕跡もあった。

佐久間　焚き火ですか……。

保江　官邸に入ってすぐの所、いつも組閣後に記念撮影するあの階段の下に敷かれている絨毯《じゅうたん》を、昭恵さんがめくってくれたの。二・二六事件が起こったのは早暁《そうぎょう》で雪も舞っていたでしょ。寒さをしのぐために兵士がそこで焚き火をしたんだって。ずっと修復しないで保存してきたんですね。痛ましい事件の傷痕を後世の人たちに見せるために。

永田町と霞が関に感じるGHQの深い闇

佐久間　昔、永田町や霞が関を空車で流しているとき、ふと気づくと二・二六の叛乱部隊が襲撃先の首相官邸へ向かうルートを行ったり来たりすることがありました。僕の個人的な感覚ですけど、あの一帯って、五・一五や二・二六の傷痕よりも、GHQが残していったドロドロした深い闇をいまでも背負っている気がするんです。車を運転しながら、「ああ、このあたりは呪いがかかっているな」と直感する瞬間がよくありました。

保江　どういうことですか?

佐久間　昭和20年8月30日、マッカーサーは厚木飛行場に降り立ちます。その後、東京を視察中のマッカーサーは日比谷交差点を渡った右手の第一生命館に目を付けたんです。二・二六事件の2年後に竣工した9階建てのこのビルは、当時東洋一といわれました。戦時中には屋上に高射砲を据え、お濠《ほり》を挟んだ目と鼻の先の皇居の防衛に一役買ったのです。

天皇のお住まいを朝から晩まで睥睨《へいげい》するには、理想的な場所です。敗戦国日本の占領統治の本拠とするには、絶好の立地ですよ。ビルの威容に惚れ込んだマッカーサーは第一生命館を接収してGHQ司令部を置き、6階の社長室を自分の執務室にしたわけです。

保江　当時のマッカーサーは、天皇よりも強大な権力を手に入れましたからね。

佐久間　昭和天皇とマッカーサーが並び立つ写真はよく知られていますが、あれだけ身長差があると、どうしても見下ろされてしまいますよね。僕は、GHQが発する圧迫感というか抑圧感が、深い闇としていまだに霞が関一帯を覆っているような気がするのです。

保江　なるほど、マッカーサーの呪いか……。たしかに、この国はいまもアメリカに首根っこを押さえられているようなものですからね。

佐久間　第一生命ビル自体は平成に入って大規模な改修工事を行いましたが、マッカーサーの執務室は当時のまま残っています。一般公開はしていませんが、第一生命のHPで見られます。マッカーサーの胸像が置かれた、落ち着いた色調の広い部屋ですよ。

マッカーサーの呪いが関係しているのかは分かりませんが、霞が関で3年ほど働いた間に3日連続で自殺現場に出くわしたことがあります。1日目はランチから戻る途中で、通産省ビルの上から人がピューって落ちてきた。

保江　それは、危ない。当たらなくてホントよかった……。役人？　それにしても、紛争地帯でもない都市で3日続けて自殺を目撃するなんて、ギネスブック入りでしょう。

佐久間　若い官僚です。死体を見たくないから目をそむけました。先輩は「飛び降り？　よくあることだ。もう、みんな慣れっこだよ」だって。2日目は、国会前を車で走って高速の入り口へ向かうときです。自転車に乗った若い役人らしき男が、車がビュンビュン飛ばす所へ突っ込んでいったんです。コーンと音がしたと思ったらゴムまりみたいに飛んで、あっという間にグチャっ。仕事中だったので、そのまま通り過ぎました。3日目は……もうやめておきましょう。

実を言えば、僕はいままで自殺以外にも、知らない遺体に遭遇することが多いのです。赤の他人の死をこれだけ頻繁に目撃するのは、一体どういうわけですかね？

保江　おそらくはね、最期の姿を佐久間先輩に見てもらうのが、その人の定めなのかもしれませんね。偶然にせよ、彼らの亡骸を見届けることは、功徳を施すことになるのかも。仏教的な見方になるかもしれませんが……。

いずれにせよ、僕は霞が関の界隈は極力避けることにしますよ。日比谷通りを走ろうっと。

佐久間　大蔵省（現・財務省）のあたりは、あまり嫌な感じはしませんね。通産省や農林水産省、警視庁本部のあたりは雰囲気が悪い。

保江　警視庁本部は桜田門の近くでしょ。江戸幕府の大老・井伊直弼が暗殺された場所ですね。井伊以外にも死者が何人も出ました。

佐久間　桜田門外の変ですね。水戸と薩摩の藩士が登城途中の井伊直弼を襲撃した。二・二六事件と同じ雪の降る日でした。警視庁は叛乱部隊に占拠されましたね。桜田門から外苑前に向かう途中の赤坂御用地の目の前には、二・二六の犠牲になった高橋是清の邸宅がありました。大正から昭和にかけて首相と蔵相を務めた金融界の重鎮です。
　事件当日、是清の寝室に押し入った決起部隊は布団をはねのけて「天誅！」と叫び、就寝中の是清に向かって拳銃を乱射しました。即死だったにもかかわらず、彼らは軍刀で何度も斬りつけたり、突き刺したりしたそうです。80歳を過ぎた老人に、なんて残虐なことをするのでしょう。いまは「高橋是清翁記念公園」となっています。是清の銅像がある日本庭園風の美しい公園です。不吉な場所は、やはり公園にしたほうがいいのかもしれません。

保江　あのあたりもよく車で通るけど、鬱蒼《うっそう》としていますね。是清さんの幽霊が出るのかな？

佐久間　是清先生は大丈夫でしょう。米国留学時代には、だまされて奴隷に売られるなどして大変な苦労をされた方ですし、人生を達観していたのではないでしょうか。きっと成仏されたと思います。

　高橋是清翁記念公園から渋谷に出てみましょうか。ハンズ渋谷店が建つあたりには、陸軍の刑務所（陸軍衛戍《えいじゅ》刑務所）がありました。目の前のＮＨＫ放送センターが建つ場所も刑務所の敷地でした。

安藤輝三、栗原安秀、磯部浅一ら二・二六の首謀者である青年将校たちは、この刑務所内に特別に造られた処刑場で銃殺されました。磯部の墓所は、小塚原の回向院にあります。ちなみに、美輪明宏は、『英霊の聲《こえ》』を書いた三島由紀夫には磯部浅一の霊が憑いていたと指摘しましたね。三島は磯部の獄中記を基にして陛下への思いを書いたのだけど、あまり面白くありませんでした。

民間人としては、国家主義運動のバイブルともいえる『日本改造法案大綱』を著し、皇道派青年将校に大きな影響力を与えた北一輝も、西田税《みつぎ》とともにここで処刑されました。

刑務所の跡地には、ひっそりと観音像が佇《たたず》んでいます。「二・二六事件慰霊像」です。供花やお酒などの供物がいつも手向けられています。幽霊が出る噂はありますが、真偽のほどは分かりません。でも、若い子たちの間では、恋愛にご利益があるちょっとしたパワースポットになっているらしいですよ。

NHK放送センターの西門前には、自転車置き場があります。街路樹が覆いかぶさるような広い駐輪場で、意外なことに、ここをパワースポットに認定する霊能者がいますね。理由はよく分かりませんが、やはり陸軍刑務所がらみなのでしょうか。

世界最終戦争を予言した天才・石原莞爾

保江　渋谷に陸軍の刑務所があったとは知りませんでした。赤坂といえば、80年代に火事を出したホテルがあったでしょ。いまプルデンシャルタワーが建っている場所。

佐久間　ホテルニュージャパンでしょ。昭和57年（1982）、たしか9階の客室から出火して、外国人を含めた宿泊客ら30人以上が亡くなりました。杜撰《ずさん》な防災管理が原因です。上階から手を振って助けを求める宿泊客の映像は、よく覚えています。

社長は横井英樹。戦時中に軍の御用商人として財を成した男で、戦後は不動産業に乗り出します。白木屋や東洋製糖の株を買い占め、「乗っ取り屋」の異名で知られました。ニュージャパンの火災では、業務上過失致死罪で起訴され実刑判決を受けましたね。あのホテルの地下1階には「ニューラテンクォーター」というナイトクラブがあって、力道山はそこで刺されました。火災の19年前ですね。

保江　あの力道山が……。横井英樹といえば、火事を出したあとの太々《ふてぶて》しい態度が世間の反感を買いましたよね。

佐久間　火災後、ホテルニュージャパンは取り壊されることもなく、焼けただれた無残な姿を10年以上さらしていました。廃墟に犠牲者の幽霊が出るといわれ、心霊スポットとして一躍有名になりましたね。

保江　そうなのです。地鎮祭でお祓いしても買い手がつかない。結局、アメリカ資本が買い取り、いまの超高層タワーが登場した。

佐久間　実は、ホテルニュージャパンって、二・二六事件の決起将校たちがよく集まって密議をこらした料亭「幸樂《こうらく》」の跡地に建ったのです。

保江　えっ、そうなの。二・二六の呪いがかかっていたのか……。

佐久間　二・二六事件を義挙とする見方もありますが、結果的に軍部の暴走を許し日本を破滅に導きました。この国の運命を変える大きな分岐点でしたよね。

ところで、叛乱軍の鎮圧にいちばん尽力したのが、当時、参謀本部作戦課長だった石原莞爾《かんじ》です。僕がいちばん尊敬している昭和の軍人です。事件発生の翌日に戒厳令が敷かれると、石原はいつものように陸軍省に出勤します。ところが、陸軍省はすでに決起部隊に占拠されていました。入り口では皇道派将校・安藤輝三が部下に銃を構えさせ、石原の登庁を阻止しようとします。安藤は事件当日に部隊を率いて鈴木貫太郎侍従長を襲撃し重傷を負わせた大尉で、皇道派青年将校の中心人物です。

その安藤に向かって石原は、「愚か者！　陛下の軍隊を私するとは何事か！　この石原を殺したければ、貴様の手で殺せ。仮にも兵の手を借りて人殺しをするとは卑怯千万!!」と怒鳴りつけたそうです。石原はそのまま参謀本部の課長室へ入っていくのですが、青年将校たちはその気魄に呑まれ、誰も手出しできませんでした。

保江　貫禄負けですね。僕が石原莞爾を初めて知ったのは、かわぐちかいじの『ジパング』です。あのマンガで、石原はタイムスリップした自衛官を助ける役なのです。

佐久間　石原莞爾は満州事変を計画し、満州国の創設を推し進めた立役者です。皇道派や統制派と距離を置いていた石原は「満州派」を自称していました。30代の頃、日蓮系の宗教家である田中智学の国柱会に入会し、熱心な信者となります。

石原は幼年期から霊感が強く、神道、キリスト教、イスラム教など世界の宗教を研究し、日蓮の教えに行き着いたのです。二・二六の4年後、つまり日米開戦の前年に石原は『世界最終戦論』を著し、最終戦争の様相を言い当てていたのです。

保江　石原の写真を見ると、いかにも霊的に敏感そうな容貌ですよね。

佐久間　まったくそのとおりで、石原は同書の第二章「最終戦争」でこんなことを述べているのです。その一部を読み上げてみましょう。

「更に太平洋をへだてたところの日本とアメリカが飛行機で決戦するのはまだまだ遠い先のことであります。一番遠い太平洋を挟んで空軍による決戦の行われる時が、人類最後の一大決勝戦の時であります。即ち無着陸で世界をぐるぐる廻れるような飛行機ができる時代であります。それから破壊の兵器も今度の欧州大戦で使っているようなものでは、まだ問題になりません。もっと徹底的な、一発あたると何万人もがペチャンコにやられるところの、私どもには想像もされないような大威力のものができねばなりません。

飛行機は無着陸で世界をぐるぐる廻る。しかも破壊兵器は最も新鋭なもの、例えば今日戦争になって次の朝、夜が明けて見ると敵国の首府や主要都市は徹底的に破壊されている。その代わり大阪も、東京も、北京も、上海も、廃墟になっておりましょう。すべてが吹き飛んでしまう……。それぐらいの破壊力のものであろうと思います。そうなると戦争は短期間に終わる。それ精神総動員だ、総力戦だなどと騒いでいる間は最終戦争は来ない。そんななまぬるいのは持久戦時代のことで、決戦戦争では問題にならない」

次の戦争の主役が戦闘機であること、B29のような長距離爆撃機の出現、そして原爆の登場を予知しています。ほとんど予言者ですね。世界を見通す大局観と洞察力に秀でた石原が、狭量・愚鈍・小心を絵に描いたような軍事官僚である東条英機に軍中枢部から追い出されてしまったのは、痛恨の極みです。仮にもし、東条が独占していた「首相兼陸軍大臣兼参謀総長」の地位に石原があれば、あの戦争はもっと早く終結し、東京大空襲も沖縄戦も広島・長崎への原爆投下も防げたと思います。

保江　石原莞爾は東条のことを「東条上等兵」といつも揶揄《やゆ》していたらしいですね。石原の歯に衣着せぬ物言いが災いしたのかな。

佐久間　石原莞爾と東条英機の話が出たついでに、東条英機暗殺計画にも触れましょう。日本の破滅を防ぐために東条を亡き者にしようとしたのが、石原に心酔していた大本営参謀の津野田知重《ともしげ》少佐であり、これに協力したのが柔道家の牛島辰熊《うしじまたつくま》でした。

保江　勇ましい名前ですね。まさしく「牛」「辰（龍）」「熊」を体現したような猛者《もさ》だったでしょう。

佐久間　戦前の柔道界のスーパースターですよ。「柔道の鬼」と呼ばれた牛島は「憂国の士」でもあり、石原莞爾の思想に傾倒していました。津野田少佐の東条暗殺計画に賛同した牛島は2人で石原が隠棲する鶴岡まで足を運び、「（東条を）斬るに賛成」と石原の内諾を得たのです。

東京に戻った牛島と津野田は、暗殺には青酸ガスを詰めた「茶瓶」と呼ばれる爆弾を使用し、東条を仕留めようというところまで計画を煮詰めました。残念ながら、暗殺決行の直前に東条内閣が総辞職したことで、計画は未遂に終わったわけです。実は、牛島辰熊には少年時代から手塩にかけて育てた愛弟子がいました。それが木村政彦です。

保江　力道山との世紀の一戦で敗れた柔道家。実力で負けたというより、力道山の騙《だま》し討ちにやられた試合でしたね。「木村の前に木村なく、木村の後に木村なし」とまで言われた御仁。母校の拓大では合気道の塩田剛三と同期だった。

佐久間　昭和29年の試合ですね。牛島と木村が学んだ柔道は禁じ手だらけのいまのスポーツ柔道（講道館柔道）ではなく、実戦を想定した古流柔術が土台となっており、立ち技・寝技のみならず当て身や蹴りも含まれていました。空手の経験者でもある木村政彦は、実戦柔道を体現した武術家だったのです。

ところが、力道山との試合では木村の当て身は禁じられ、力道山の空手チョップは認められるという不公平なルールとなりました。しかも「この試合は引き分けにしよう」という事前合意まであったのに、力道山は豹変《ひょうへん》し卑怯な手口で木村を打ちのめしたのです。

9年後、力道山がヤクザに刺されて死んだと聞いた木村は、「あいつを殺したのは俺だ。ずっと死という念を奴に送りつづけたのだ」と語ったそうです。力道山に負けてどん底に落ち込んだ木村は、ずっと怨念を抱いていたのです。

全盛期の木村は15年間不敗を誇り、牛島が成し遂げられなかった天覧試合の優勝を見事に勝ち取りました。同じ肥後もっこすである牛島と木村の師弟は、一心同体の関係でした。牛島は「柔道の鬼」の称号を受け継ぐのは木村しかいないと思っていたのです。

『木村政彦はなぜ力道山を殺さなかったのか』という渾身のノンフィクション作品があるのですが、この本によると、牛島は木村政彦を刺客にして東条暗殺計画を実行しようとした節があるのです。

保江　へえ～。愛弟子である木村政彦を秘密兵器にしようとしたのですか……。

佐久間　政治思想を抱いていた牛島辰熊と違い、木村は柔道以外のことは考えられない「柔道サイボーグ」でした。ですから牛島にとって、木村は最も信頼できる秘密兵器だったのです。東条内閣の総辞職が少しでも遅れていれば、日本最強の柔道家・木村政彦が東条英機をこの世から消し去り、昭和史ががらりと書き換えられていたかもしれません。

第2章

スピリチュアル・ロンダリングの実践

アメリカにはめられた昭和の今太閤・田中角栄

保江　昨晩、テレビで田中角栄の特集番組を見ました。角栄は功罪相半ばする政治家だけど、新潟の農村出身で学歴もなし。いまのおバカな世襲議員と違って、ホントに叩き上げで頂点に上り詰めた政治家ですね。まさしく、「昭和の今太閤」。それまでの官僚出身の首相とは、発想がまるで違います。戦後日本が生んだ傑物だと思う。

実はね、親父は僕が大学生の頃に岡山市の経済局長だったのです。よく東京に出張していました。ある晩、東京から戻った親父が酔っ払って、珍しくうれしそうでした。「今日は田中首相の榎本秘書に会ってきた」。戦時中、陸軍航空隊に所属していた親父は特攻隊でした。それを知った秘書官の榎本敏夫がとても気に入ってくれたらしく、親父は上機嫌でした。ロッキード事件が起きたのは、そのあとです。親父は大丈夫かな、と心配でしたね。

佐久間　角栄と一緒に逮捕された榎本敏夫ですね。彼の妻が、「蜂の一刺し」で有名になった榎本三恵子です。のちに離婚しましたが……。ロッキード事件では、事件を担当した新聞記者、ロッキード社の秘密代理人、児玉誉士夫の通訳、田中角栄の運転手など、不審死が相次ぎましたね。

保江　今年の初め、生前の角栄が住んでいた「目白御殿」が火事で全焼したでしょ。あれって、不審死を遂げた死者たちの怨念がもたらした災いかな。

目白御殿で思い出したけど、僕の古い知り合いが16歳くらいの頃、目白の中華料理店で出前をしていたの。たまたま、ラーメンを届けに御殿に行ったところ、奥に通されたそうです。少年だから護衛も警戒しなかったのでしょうね。

岡持ちを持って上がると、奥の座敷で数人が話し合う声が聞こえてきた。すると、気配に気づき飛び出してきた人間に、「誰だっ！」と誰何《すいか》されたわけ。それが、角栄だった。「ご注文のラーメンですが……」と釈明すると、角栄は「ここのはうまいんだよ」と途端に相好《そうごう》を崩したらしい。

ところが、次の瞬間「おまえ、いまの話を聞いていたのか？」とギョロリと目をむいたそうです。少年は緊張して答えることもできません。すると、角栄は背広の内ポケットから、「駄賃だ。おまえにやる。分かっているよな」とお札を手渡したのです。

震えながら御殿を離れた少年があとでお札を数えたところ、万札で50枚あった。仮に昭和40年頃とすれば、いまの100万円以上の価値でしょう。

佐久間　口止め料ってわけですね。田中角栄は政治理念とか政治哲学なんてものよりも、義理人情と現ナマをいちばん大切にしましたからね。

保江　なるほどね。僕は出前持ちのエピソードを聞いて、角栄の度量の広さを改めて感じました。同時代の政治家、例えば中曽根康弘なんか、とてもそんな芸当はできません。いまの政治家も嘘つきばっかり。ああいう型破りな政治家だからこそ、アメリカはロッキード事件で潰そうとしたのでしょうね。

佐久間　角栄は長年の懸案であった日中国交回復を実現したし、オイルショックの苦い経験から、石油の供給源を確保するために中東諸国との関係を築こうと画策しました。そのなりふり構わない「石油外交」がアメリカの逆鱗《げきりん》にふれたのでしょう。ロッキード事件では角栄が吊るし上げられましたが、自衛隊への戦闘機売り込みでは旅客機とは比較にならない巨悪が行われていたようです。「俺だけがはめられた」と角栄は無念だったと思います。

見えてきた東京のスピリチュアル・マップと龍の道

保江　白金に定住して10年。その間、僕は街中を歩いたり、愛車で走り回ったりしました。そのうちに、東京には心地よい場所・不快な場所、何度でも訪れたい場所・二度と訪れたくない場所、心地よい道・不快な道が意外に多いと思うようになりました。

近所の住人、行きつけの食堂や居酒屋の主人、神社仏閣の宮司や住職からも、その土地の歴史にまつわる情報が僕の脳に次々とインプットされるわけ。そうするとね、東京って地方に比べると、霊的明暗というかスピリチュアル的色分けが、とてもはっきりしている場所だと感じ始めたのです。地図を見ても分からない場所の善し悪しがくっきりと浮かび上がり、僕みたいに霊能力がない普通の人間でも分かるようになる。

そして、いつの間にか気持ち良い場所、いま流行《はや》りのパワースポットと呼ばれる所ばかりを訪れている自分に気づいたのです。直感に頼るところが大きいのだけど……。

人間も同じですよ。地の気と人の気は感応し合っていますからね。人の場合も、話をしていて心地いい人と・不快な人、一緒にいるだけで気分が良くなる人・頭痛を催す人と、明確に区分けされます。幸いなことに、これもいつの間にか不快な人と頭痛を催す人は僕の周りから消えてしまいました（笑）。

今回、僕が頭の中で描いてきた「東京の霊的色分け地図」がかなり正確だったし色分けの根拠もはっきりした、と佐久間先輩との対談で分かり少し安心しました。

佐久間　「東京のスピリチュアル・マップ」というか、なんだか事故物件の「大島てる」マップを連想しちゃいますね（笑）。

保江　僕が白金に住むまでの不思議な話をしましょう。それまでの僕は岡山に実家があり仕事もあったので、東京に定住するなんて発想はまったくなかったのです。東京での月に1回の武道指導には、新幹線を使えばいいだけの話。必要とあらば、都内のシティホテルに泊まればいい。

ところが、ひょんなことから「麻布の茶坊主さん」という霊能力者が、人を介してわざわざ僕に予言を伝えてくれたのです。「保江さんは、近いうちに品川と六本木の中間地点に住むことになりますよ」と。「そんなアホな。なんでそんな所に住まにゃあかんの？　家賃だって、目が飛び出るほど高いやろ」と聞き流しました。

さらに、茶坊主さんはこんなことを僕に伝えてきたのです。

「東京の陰陽のバランスが、いま崩れかけています。東京タワーを少し過ぎたあたりに光の十字架を打ち込む必要があります。それを打ち込むのは、その近辺に住む安倍晴明のような陰陽師でないといけません」

皇居の裏鬼門（南西）と東京タワーはレイラインで結ばれているのだけど、そんなことを言われても「俺に関係ないじゃん」とまったくピンと来ません。ところがその後、交通事故で瀕死の重傷を負ったところを安倍晴明に命を吹き込んでもらったという少年に出会うなど、想像もしていなかった出来事が次々に起こりました。これについては『秘密結社ヤタガラスの復活』（青林堂）で詳しくお話ししました。

ある日、東京の道場で門人が「ウチのマンションの角部屋が空いちゃったの。築30年以上のおんぼろマンションなんだけど、そこに住むとなぜか運が開けてくるのよね」と話すのが聞こえてきたのです。「それじゃあ、みんなで見に行こう」と、僕も白金への物見遊山に加わったのです。

すでに、大家さんが鍵を開けておいてくれました。早速、部屋の中をのぞくと新品の家具と電化製品がピカピカしています。「なんだ、もう誰か入っているやん」と思ったら、古い物件で借り手がつかないことを見越し、内装と同時に新しい家具と電化製品をそろえたらしいのね。
「家具と電化製品の分、家賃に上乗せしてあるんですよね？」と誰かが質問すると、「いやいや、賃貸料は以前と同じですよ。1円も上げていません」と大家さん。それを聞いた瞬間、「じゃあ、僕が借りま～す！」と思わず手を挙げたのです。東京のシティホテルって結構高いでしょ。だから、10日間泊まったと思えばいいと瞬時に判断したわけです。

佐久間　そんな経緯があったのですか。やはり、白金と深い縁があったわけですね。

保江　そうなのです。大家さんに「ここって、もしかしたら品川と六本木の間ですか？」と聞くと、「はい。まさにそのど真ん中ですよ」だって。茶坊主さんの予言が、見事に当たったのです。もうビックリ仰天。

佐久間　それは凄いですね。

保江　「住まいは白金です」なんて言うと、「白金？　シロガネーゼか。セレブ気取りだね……」なんて内心思う人もいると思うけど、実際には外観からして古いマンションで、周囲にはまだ稼働している町工場があってね。新しいマンションが建つたびにハイソな人が入ってくるけど、昔の町並みが残っていますよ。居酒屋もあるし、庶民的な雰囲気が漂っている。

それで、白金が僕の街歩きとドライブの起点となったのです。この界隈はね、住んでいて本当に楽なんですよ。仲良くなった近所のおばあちゃんがね、「ここは、関東大震災の頃は原野でした。人が住んでいなかったから、死んだ人もいない。東京大空襲ではね、米軍がなぜか爆弾を落とさなかった。避けてくれたのか知らないけど、そのお陰で死者が出なかったのよ」と教えてくれました。

だから、米軍はニュー山王ホテルを建てるのに、白金に近い南麻布を選んだわけ。「この一帯では誰も殺していないから、日本人の祟《たた》りは出ないだろう」と見越してね。

佐久間　ニュー山王ホテルの前身は、もともと赤坂にあった山王ホテルですよ。料亭「幸樂」つまりホテルニュージャパンの近くにありました。二・二六事件では安藤輝三の指揮下にあった部隊に占拠され、そこに司令部を置いたのじゃなかったかな。敗戦後は米軍に接収され、80年代に南麻布にニュー山王ホテルを建てたのです。

保江　あっ、そうか。二・二六の影が我が家の近くにも迫っていたか……。でも、大丈夫。ここら辺は掘っても人骨は出ないし、ウチのそばには龍穴《りゅうけつ》もありますからね。龍が守ってくれますよ。

白金の龍穴は、わざわざ岡崎（愛知県）の霊能力者が見にくるほど有名らしいの。岡崎城で松平竹千代（のちの徳川家康）が産湯を使った井戸が龍の通り道なのだとか。そこへ飛び込んだ龍が出てくるのが白金の龍穴らしい。龍遣いの若い巫女さんが、わざわざ白金にそれを確かめに来たわけです。徳川家康に憑いた龍ですよ。白金の龍穴から出た龍がどこへ向かうかはあとで解説しますけど、結果として、僕が気分よく歩いたり、運転したりできるのは龍の通り道だからだと思います。

佐久間　家康ゆかりの地だったとは驚きです。

保江　龍がどういう道をたどるのか、その経路が少しずつ見えてきたわけです。「白金龍穴」のすぐ近くに新古川橋があります。古川橋交差点という、明治通りの起点となっている大きな交差点から渋谷方面へ200メートルほどの場所にあるのが、新古川橋という小さい橋。これが三叉路で、南に下る細い一方通行の道があります。この道が、僕が命名した「美女道」。

佐久間　美女がたくさん歩いている道ですか?

保江　そうなの。そこのイタリアンカフェ「ドロゲリア・サンクリッカ」でコーヒーを飲んでクロワッサンをかじるのが僕の朝の日課なんだけど、外を眺めていると、歩く女性はどれも美女ばかり。不思議なんです。若い子はもちろん、お年寄りでも美形が多くて、「若い頃は、さぞ綺麗だったろうな」と思えるおばあちゃん。しかも、歩き方も洗練されていて、とても絵になるんです。

こんな道、田舎では考えられません。東京にだって、「白金の美女道」に匹敵する場所はあるかな。走っている車も、半数は外車。車はフランス語で女性名詞の「ヴォワチュール」だから、垢ぬけているんでしょうね。外車のほとんどはBM。腐ってもBMね。他にはベンツ、ポルシェ、ランボルギーニ、フェラーリ、志村けんが愛したロールスロイス・ファントム、外交官ナンバーを付けたベントレー、珍しいところでは歴代ジェームズ・ボンドが乗り回したアストンマーティン。もう、クルマ好きの僕にはたまりません。
「美女道」をさらに南下すると桜田通りにぶつかるんだけど、その途中にマルイチ・ベーグルというベーグル屋があってね、美女がいつも行列をつくっている。数十種類のベーグルを焼いていて、車庫を改造したような見栄えのしない店舗で食べるスペースもないのだけど、朝から晩まで長蛇の列。

佐久間　そのベーグルは美味しいのでしょう。きっと、遠くからわざわざ買いにくる女性も多いと思いますよ。

保江　美女道からちょっと入った所には、スペインのバスクチーズケーキの専門店「ガスタ」があって、そこも行列ができる店。そこからさらに下ると、人情味あふれる「両国寿司」があります。昔気質《かたぎ》のオッちゃんが2代目を継いでやっている。近くには昔ながらのスナックもあるし、とにかくあの一帯は雰囲気が良いんですよ。女性に優しいというか、下町情緒が残っているの。

佐久間　おそらく龍の通り道だから、エネルギーが溜まるのでしょう。自然に質の良い人間が集まってくる。「質が良い」かどうかは分かりませんけど、去年亡くなった大川隆法の大邸宅「大悟館」も白金にありますね。学校の校舎並みに巨大で誰でも参拝できるらしいですけど……。

保江　あるある。美女道からは少し外れた所、聖心女子学院の近く。大川邸のあたりは、「幸福の科学」ばっかり。五反田方面に下れば本部があるしね。大川隆法があそこに大悟館を構えたのは、近くに白金氷川神社があったからだと思います。「美女道」をさらに南下して都道305号線を左折して少し行った所、三光坂のそばです。その神社を見下ろせる場所に大悟館があります。でも、神社の周りは鬱蒼として見えないけどね……。

この神社は、とくに女性にオススメ。東京に引っ越して初めて迎える朝は、白金氷川神社を参拝するといい。ここにお参りに行くとね、イケメン占い師・羽賀ヒカルくんに会えるかもしれません。そう、ユーチューブの『神社チャンネル』の羽賀くん。社務所の横に白金氷川神社が建てた小さなビルがあり、その2階に「斎庭《ゆにわ》　白金」という高級カフェがあります。そこで、ヒカルくんをよく見かけるという噂があるのです。

佐久間　大丈夫ですか？　女性読者が大挙してヒカルくんを追っかけますよ。

保江　いいの、いいの。とにかく、白金氷川神社は女性には覚えていてほしい神社です。また「美女道」に戻るとね、この通りに平行して白金商店街があります。昔ほどのにぎわいはないかもしれないけど、それでも30店舗くらいは営業していますよ。映画『ＡＬＷＡＹＳ　三丁目の夕日』シリーズに出てくるような八百屋、魚屋、飲み屋が、いまでも元気です。四季折々のイベントもあるし、夏祭りには露店がたくさん出て縁日みたいですよ。下町風情あふれる白金は、女性が安心して住める場所だと思う。

さっきの白金氷川神社の東側には立行寺《りゅうぎょうじ》という法華宗のお寺があります。江戸初期の旗本・大久保彦左衛門が創建した寺で、彦左衛門の墓所もここにあります。

佐久間　16歳から家康に仕え、数々の手柄を立てた三河武士ですね。３代目の家光まで奉仕した「天下の御意見番」。反骨と奇行でも知られ、講談でも取り上げられます。

保江　義理人情に厚い江戸っ子として小説・講談・ドラマ・映画でも描かれた魚屋・一心太助は、彦左衛門にその侠気を愛されました。太助も彦左衛門の墓の傍らに眠っています。実在の人物かどうかは怪しいのだけど……。

大久保彦左衛門の墓を見物して、少し東へ行けば桜田通りです。そこから国道15号に入って北上すれば御田《みた》八幡神社が見えてきます。「みた」の「み」は「三」ではありません。「御《み》」は神様に付ける敬語だから、「神様の田んぼ」の意味で「御田」です。「白金龍穴」から飛び出した家康の龍は、「美女道」を桜田通りまで南下して、桜田通りから日比谷通りに行く途中で御田八幡神社に寄って休憩するのです。

御田八幡の石段はかなり急ですが、いい神社です。あるやんごとなき御方から頼まれて、僕が皇居の周囲を巡って北斗七星の形に結界を張ったとき、スタート地点が御田八幡だったのです。御田八幡神社〜天祖神社〜愛宕神社〜将門塚〜水天宮〜榊神社〜神田明神の7社に結界を張りました。詳しいことは、『東京に北斗七星の結界を張らせていただきました』（青林堂）をお読みください。

御田八幡は、伯家神道を代々継承してきた白川家の最後の学頭である高濱《たかはま》清七郎と縁が深い神社です。明治天皇に「祝之神事《はふりのしんじ》」を授けた高濱《たかはま》清七郎は、故郷の岡山でひっそりと暮らしていました。明治新政府は、歴代天皇の霊的能力の開発に貢献してきた白川家を次第に疎《うと》んじるようになり、東京奠都《てんと》のあとも東京には呼び寄せなかったのです。政府の中枢にいた伊藤博文は、明治天皇の霊力をそぎ落とし、操りやすい存在にしようと企んだわけ。そのため、白川家を断絶させて、高濱清七郎も故郷に追いやったのです。

でもね、明治大帝は毎日のように「清七郎を呼べ、清七郎を呼べ」と側近に仰せになる。その帝《みかど》の声が、はるか彼方の清七郎に届いたのです。すぐに東京へ馳せ参じた高濱は、宮中からいつ声がかかってもいいように御田八幡神社で待機していたのです。ちなみに、高濱の墓所は白金にあります。僕の寓居の近く。そうそう、我らが恩師の大東流・佐川幸義先生の墓所もウチから歩いて10分ほどの所にあったのです。去年、O先輩が連れていってくれてビックリしました。

佐久間　そういう場所だったのですか……。

女性を癒やす？　増上寺の徳川家霊廟

保江　御田八幡神社のそばを走る国道15号を北上すれば、日比谷通りに入ります。

「龍の道」だと皇宮護衛官が教えてくれた道で、つまり「白金龍穴」を出た龍が通るルートなのです。日比谷通りを少し北に上がった左手にあるのが増上寺です。僕ね、増上寺には時々立ち寄るのです。増上寺には徳川家の霊廟があるでしょ。2代将軍・秀忠を含め、6人の将軍があそこに埋葬されています。

2代・秀忠の正室・崇源院（お江《ごう》）をはじめ、6代・11代・13代・14代将軍の正室も一緒に眠っていますよ。側室としては、3代・家光の桂昌院と6代・家宣《いえのぶ》の月光院など5人が葬られています。大奥を整えたのは、家光の乳母・春日局《かすがのつぼね》ですね。だから、2代・秀忠は側室とは縁がなく、正室のお江にだけ愛情を注ぎました。お江は浅井長政の三女で、母親は信長の妹・お市の方です。増上寺の霊廟は、女性を癒やしてくれる雰囲気をたたえているように感じます。お江の霊前で手を合わせるのもいいでしょう。その霊廟から見る東京タワーがいちばん凄い。その根っこに霊廟があるように錯覚するほどです。

東京スカイツリーの陰にすっかり隠れてしまったけど、「昭和のランドマーク」である東京タワーは今も健在ですよ。脚線美を誇る4本の足で安定度は抜群。それに比べると、スカイツリーは3本足。いくら心柱が入っているから大丈夫だといっても、不安定感は拭えません。背が高けりゃいいってもんじゃない。

佐久間　昭和って、産業力があったしバイタリティあふれる時代でしたね。焼け野原から立ち上がったパワーが途切れなかった。平成、令和と続くなかで、昭和の遺産がどんどん食いつぶされている気がします……。ところで、東京タワーの足元に蛇塚があるのをご存じですか？

保江　いいえ、知りません。僕の大好きな東京タワーの下に蛇塚？

佐久間　東京タワーの麓《ふもと》には、明治の初めに増上寺境内の一部を開放して造られた芝公園があります。緑が深いこの公園のもみじ谷という人工渓谷のそばにお地蔵さんが数体並んでいるのですが、いちばん奥のお地蔵さんの背後に隠れるようにしてとぐろを巻く蛇の像が鎮座しています。これが蛇塚で、金運上昇の隠れスポットです。以前ここを訪れたとき、ゴミが落ちていたので拾い集めてきれいにしたことがあります。すると後日、思いがけない収入が転がり込んできたので、それ以来、蛇塚詣でに時々出かけることにしています（笑）。

なんでも、昭和40年代に新宿で居酒屋を営んでいた女性が蛇の夢を見たところ商売が繁盛し、「その蛇はあなたの守り神だから、芝公園にお祀りしなさい」と人に指摘され蛇塚を造ったそうです。その仲介役を引き受けたのが、やはり東京タワーの足元にある、増上寺の別院・心光院で、この境内にも蛇像（龍神像）が祀られています。蛇塚人気に便乗したのかもしれません。

保江　東京タワーは増上寺に近いし、地の気が良いのです。麻布の茶坊主さんによると、江戸城の裏鬼門にあたる桜田門と東京タワーを結ぶラインが非常に重要らしい。蛇つながりで言えば、東急大井町線の中延駅から徒歩6分の所にある蛇窪《へびくぼ》神社も金運・財運のパワースポットで知られていますね。昔、このあたりに棲んでいた白蛇と龍神を祀っています。

佐久間　龍神といえば、荏原《えばら》神社は「品川の龍神さま」として古くから信仰を集めていますね。その近くにある品川神社は、家康が関ヶ原の戦に出陣するときに戦勝を祈願したそうです。この神社の「双龍鳥居」は一見の価値あり。石鳥居の柱それぞれに昇り龍と降り龍の見事な彫刻が施されています。大正時代に彫られたようです。境内には巨大な富士塚もありますよ。双龍鳥居は品川神社を含め、都内では馬橋《まばし》稲荷神社と宿鳳山《しゅくほうざん》高円寺（いずれも杉並区）にしかありません。

保江　珍しいものなんですね。そういえば、増上寺・徳川将軍家墓所の青銅製の鋳抜《いぬき》門にも昇り龍と降り龍が彫られていました。龍神は一般的に、雨や水をつかさどる水神や豊漁をもたらす海神として信仰されるけど、この場合は運気上昇と捉えるべきでしょうね。

佐久間　あと考えられるのは、龍神は山門の仁王像や獅子、狛犬のように神域を守護する存在でもあるのでしょう。今年は辰年なので、ドラゴンパワーをもらいに訪れる人が多いかも。

「浅草の観音さま」で親しまれる浅草寺は、１４００年の歴史を誇る観音霊場です。僕は、この都内最古の寺がドラゴンパワーのいち押しスポットだと考えています。浅草寺縁起によると、観音さまがこの世に姿を現した日、あたりには１０００株もの松が生じ、３日後には金の鱗《うろこ》をもつ龍が天から舞い降りたそうです。年に2回、観音さまの縁日である18日の「8」にちなみ、長さ18メートル、重さ88キロの金龍が仲見世や境内を練り歩きます。
江戸入府を果たした徳川家康は、天台宗の僧侶であり家康の霊的指導者ともいえる南光坊天海の進言により、浅草寺を幕府祈願所に定めました。直前に祈祷させて臨んだ関ヶ原の戦いで勝利を収め天下取りが実現できたことで、浅草寺の霊験が天下に知れ渡ったわけです。浅草寺が江戸城の鬼門の方角にあるのも、天海が鬼門封じにふさわしい寺だと考えたのでしょう。

保江 家康の天下取りに貢献した寺となれば、一躍有名になりますよね。

佐久間 浅草寺の目と鼻の先にある待乳山聖天《まつちやましょうでん》は浅草寺の支院で、正式には本龍院といいます。標高10メートルほどの丘陵にあるのですが、推古3年(595)のある晩、小山が忽然《こつぜん》と出現し、金龍が舞い降りてこれを守護したという伝説が伝わっています。浅草寺の山号「金龍山」はこの吉兆に由来しているようです。本堂の外陣《げじん》、境内の手水舎や水盤に龍が彫り込まれ、本殿の天井画にも雄渾《ゆうこん》な龍が描かれています。池波正太郎の生誕地は、待乳山聖天の南側です。
ちなみに、「聖天」は夫婦和合をもたらす一種の性神で、家康は熱心な聖天信仰者だったようです。これも天海の指導でしょう。待乳山聖天は大根をお供えすることでも有名です。大根の色と体内の毒素を中和して消化を促すはたらきが、聖天の力に通じると考えられたみたいですね。大根のパワースポットとしてもお見知りおきください。

保江　ハハハっ、面白いお供え物ですね。ところで、目黒に瀧泉寺《りゅうせんじ》があるでしょ。「龍」と「瀧」の違いはあるけど……。目黒不動で有名だけど、あそこは女性に勧めたいパワースポットです。ご住職が独身でなかなか良い男です。護摩焚きの霊験あらたかなお寺。悪霊退散にも、煩悩を焼き尽くすにもよい。別れたい男がいれば、その名前をお札に書いて炎に放り込めば一発ですよ。

佐久間　瀧泉寺は天台宗ですよね。関東ではいちばん古い不動霊場といわれています。「目黒のさんま」でも知られていますが、目黒不動は「江戸五色《ごしき》不動」の筆頭です。3代将軍・家光が江戸の鎮護を目的に、東西南北（四神相応《しじんそうおう》）と中央の5ヶ所に不動明王像を設置させたのですが、これを提言したのが天海です。目黒不動（瀧泉寺）・目白不動（豊島区金乗《こんじょう》院）・目青不動（世田谷区教学院）・目赤不動（文京区南《なん》谷《こく》寺）・目黄不動（台東区永久寺、江戸川区最勝寺）を江戸の5ヶ所に配置して結界を張ったわけです。この五色も陰陽五行説に由来しています。

保江　なるほど。天海という御仁は傑物だね。僧侶であり陰陽師でもある。さて、また徳川の話に戻るけど、家康が葬られたのは静岡県の久能山です。家康が築城し晩年を過ごした駿府城から南東へ10キロほどの場所にあります。駿河湾を一望できる景勝地です。近くには、石垣栽培で育てる「石垣いちご」の観光農園が軒を連ねています。いちご狩りのシーズンに訪れるのもいいでしょう。

佐久間　駿府城で没した家康の遺体は久能山に埋葬され、1年後に日光に改葬されたといわれています。のちの日光東照宮ですね。日光は江戸から見ると、北極星が輝く真北の位置にあります。古代中国では天帝の居所とされた北極星にあやかろうとしたのかもしれません。

保江　そうなんです。さらに言えば、家康生誕の地である岡崎と久能山は同緯度上に位置します。久能山の北北東には霊峰・富士山があり、この延長線上には徳川氏発祥の地である世良田（群馬県）と日光東照宮があります。つまり、久能山〜富士山〜世良田~日光が一直線上にあることになる。ちなみに、世良田にも東照宮がある。3代・家光が創建した世良田東照宮。

佐久間　凄いなあ。まるでグーグルマップを参考にしたように正確ですね。測量の技術もない時代なのに……。

将門の怨霊に目を付けた南光坊天海

保江　増上寺から日比谷通りをそのまま上がれば、左手が皇居です。坂下門のあたりで行幸通りを右折し、丸の内方面へ向かいます。本当はね、日比谷通りをずっと直進して神田明神まで行きたいの。ところが、将門の首塚のそばを通らなければならないわけですよ。

佐久間　ついに登場しましたね。菅原道真、崇徳天皇と並ぶ日本の三大怨霊の一つ、将門の首塚が……。ここは幽霊よりも祟りで有名なスポットですね。知名度が全国的に上がったのは、昭和50年代からでしょうか。首塚の祟りブームの最初は、大正12年

（1923）の関東大震災です。被災した大蔵省の再建工事のため首塚を潰したところ、大蔵大臣をはじめ官僚など十数人が相次いで死亡しました。

終戦直後に米軍が首塚の一帯をブルドーザーで整地しようとしたところ、地中の大きな石に当たって横転。2人がブルドーザーの下敷きになった死にました。その石こそが首塚だったのです。

保江　あの首塚がもたらした祟りは数えきれません。ところで、江戸城の大手門といえば各藩の大名が登城する正門だけど、太田道灌《どうかん》の時代の大手門は後の桔梗《ききょう》門のことで、家康がわざわざ将門塚に近い場所に移動させたという説もあります。毒をもって毒を制すじゃないけど、将門を怨霊封じに利用しようとしたのかもしれない。たしかに、江戸は将門の首塚を中心に発展したともいえそうですね。

佐久間　将門の強烈な怨霊に目を付けたのは天海です。江戸は天海の霊的都市計画に沿って発展したといっても過言ではなく、江戸城を中心に「の」の字型に拡張していきます。そこへ、放射状に延びる五街道を組み合わせ地方との往来を盛んにして、経済発展につなげようという構想ですね。

将門の首を祀る首塚は奥州道につながる大手門、胴を祀る神田神社（神田明神）は上州道の神田橋門、手を祀る鳥越神社は奥州道や日光道の浅草橋門、足を祀る津久戸大明神（筑土八幡神社）は中山道の牛込門、鎧《よろい》を祀る鎧神社は甲州道の四谷門、兜《かぶと》を祀る兜神社は東海道の虎ノ門に置かれました。一時的とはいえ関東を支配した平将門の身体の一部や身に着けていたものを五街道それぞれの入り口に安置することによって、江戸に侵入しようとする魔物を封じようとしたのでしょう。

最近の将門塚は、雰囲気が明るいような気がします。参拝者も多いし、カッコいいオフィスビルに囲まれているからでしょうか。以前は、首塚に近づくと頭がキリキリと締め付けられる感じがしたのですが……。近頃は怨霊とか祟りというより、「大手町最強のパワースポット」としてもてはやされているみたいですね。

保江　でも、首塚はできるだけ避けましょう。これは僕の直感です。そのためには坂下門のあたりで行幸通りを右折し、今度は東京駅丸の内を北上して鎌倉橋を目指せば、将門塚を迂回して神田明神にたどり着けます。神田明神こそオススメのパワースポットで、将門の首塚を封じる役目を担っているらしい。実際のところ、将門塚を管理しているのは神田明神です。あそこには本物の御神馬《ごしんめ》もいます。以前、ポニーみたいに小さいその馬に噛《か》まれたことがあります。甘噛みだったけどね。神主さんによると、御神馬に噛まれるのは縁起がいいらしいけど、ホントかな。

佐久間　江戸城の鬼門にあたる北東の方角に神田明神と寛永寺が、裏鬼門の南西の方角には増上寺がありますね。聞いたところでは、中央区のある製薬会社は新薬を開発するたびに、神田明神の神主を呼んでお祓いするそうです。新薬の開発には長い年月がかかります。研究を重ね臨床試験を繰り返しながら安全性を十分に確保しているはずなのに、最後はやっぱり神頼みなんですね。

保江　正月になるとね、神田明神の氏子である一部上場企業の社長・会長が地下通路を通って本殿に入って、特別の初詣をするらしい。最近は氏子の減少で資金難に陥る神社が多いのに、神田明神は独り勝ち。潤沢な資金で立派なビルをどんどん建てている。

佐久間　樹木の伐採が問題になっている神宮外苑の再開発も、明治神宮の財政難に原因がありますね。お寺も檀家が減って大変だけど、神社はもっときついでしょうね。

保江　そうですね。さて統括すると、女性は「白金龍穴」から「美女道」を通って、そのあと御田八幡神社、増上寺の秀忠の奥様のお墓参り、そして神田明神と巡ると、きっとご利益があります。くれぐれも、将門塚には近づかないように。

佐久間　あとね、保江先生。なぜか分からないのですが、僕はどうしてもダークなほうに引き寄せられちゃうんですよ。神田明神から徒歩20分ほどで行ける湯島天神。

保江　ダークナイトが好きな佐久間先輩、バットマンみたいですね。湯島天神って、学問の神様を祀っている神社でしょ。

佐久間　はい、湯島天満宮のことです。菅原道真公の亡霊が境内を歩いていいます（笑）。湯島天神は力があるというか、ご利益があったという話はよく聞きます。

保江　「くわばらくわばら」神社というべきかな……。

八幡さまとお稲荷さんは渡来人の神様

佐久間　日本全国の神社は、八幡神社と稲荷神社で7割以上を占めているんですよね。

いずれも発祥は渡来人の神様だったといわれています。「八幡信仰」も「稲荷信仰」も、渡来系では日本最大の豪族であった秦氏と深い関係があります。

「八幡さま」で親しまれている八幡神社の御祭神は応神天皇であり、大分の宇佐神宮が全国の八幡宮の総本宮です。宇佐神宮が建つ一帯も、秦一族が集まっていた地域だそうです。家康はもちろん、頼朝、信長、秀吉など名だたる武将が八幡神を武神として信仰しました。

保江　そうですね。「八幡」を「やはた」と読み、「や」をヘブライ語の「ヤー（神）」、「はた」を「秦」と読み解き、「秦氏の神」とする説がありますね。イスラエル系の渡来人とされる秦氏は、倭の五王の一人「讃《さん》」とする説がある応神天皇の時代に百済《くだら》から来日した弓月君《ゆづきのきみ》の子孫。その弓月君は秦の始皇帝の子孫といわれている。この辺が、日本の神様がユダヤや景教の影響を受けていると指摘される所以でしょうね。

佐久間　景教は、唐に伝わったキリスト教ネストリウス派ですね。異端として追放され、中国に流れてきた……。それにしても、渡来した豪族である秦氏は謎に包まれていますね。秦氏の痕跡は全国各地に残っています。各地の治水工事を手がけ、開墾事業を展開しながら莫大な富を蓄えました。民草は秦氏が日本に持ち込んだ先進技術で救われ、「八幡さま」や「お稲荷さん」を各地に祀るようになったようです。秦氏で思い浮かぶ有名な人物に聖徳太子に仕えたといわれる秦河勝《はたのかわかつ》がいますが、この人物こそ謎の人物です。

ところで、杉並区の大宮八幡宮は、ちょっとした都市伝説がある不思議な「八幡さま」です。巷《ちまた》で「小さいおじさん」と呼ばれている妖精がたびたび目撃されているんです。

保江　へえ〜、妖精のいる神社か。面白いですねえ。

佐久間　芸能人の目撃証言もあるらしいです。身長20センチほどの「おじさん」に出会うと幸運に恵まれるとか。ここは豊かな緑に囲まれた広大な鎮守の杜です。昭和40年代には遺跡が見つかり、族長の祭祀跡と判明しました。縄文・弥生時代の土器、勾《まが》玉《たま》や方形の溝を周りに巡らせた盛り土の墓が発見されています。古代から聖域だったということでしょう。

保江　そういえば、赤坂御用地のそばに豊川稲荷があるでしょ。なんで、あんな場所にあるのかな?

佐久間　元赤坂の豊川稲荷でしょ。あそこの境内に入ると、頭が少しくらくらしますね。豊川稲荷は愛知・豊川市の豊川稲荷（妙厳寺《みょうごんじ》）の飛び地境内で、正式には豊川稲荷東京別院といいます。つまり神社ではなく、曹洞宗の仏教寺院です。境内には鳥居や大きな鈴が吊り下げられているお堂があり、神社かと見紛《まが》うのですが、明治新政府が発した神仏分離令を免れたため、境内には神仏習合の名残が色濃く残っているわけです。

もともとは、8代将軍・吉宗の時代に名奉行として名を馳せた大岡越前守忠相《ただすけ》が愛知の豊川稲荷から荼枳尼天《だきにてん》を勧請《かんじょう》して自邸に祀ったものです。のちに、赤坂一ツ木の下屋敷に移転して豊川稲荷の参詣所として創建したものが、明治20年に現在地へ移ってきました。

代々、三河の松平家に仕える家柄であった大岡家は、三河時代から荼枳尼天を信仰していました。大岡忠相はのちに三河・西大平藩の藩主となりますが、町奉行から1

万石の大名まで出世したのは大岡だけです。豊川稲荷の境内には、大岡の位牌も安置されていて、金運・出世のパワースポットになっています。

保江　大岡越前守ゆかりの「寺」だったのか……。豊川稲荷の境内って、なんだか雑然としていますよね。たしかに、頭がくらくらする空間だと思う。

佐久間　あの境内には、荼枳尼天を祀る本殿以外に、財宝を生む融通稲荷、悪縁を断ち禍《わざわい》を取り除く叶稲荷、愛欲を悟りに変える愛染明王、奉納された狐《きつね》が所狭しと並ぶ霊狐塚、銭洗い弁天、大黒天、身がわり地蔵、七福神などなど、ご利益のオンパレードを看板にしているようなところがありますね。場所が場所だけに、参拝者にはテレビ関係や芸能人も多いようです。僕が訪れたときには、マツコ・デラックス、薬丸裕英、有働由美子の名前が入った真っ赤な奉納提灯がぶら下がっていました。まるで縁日感覚ですよね。

保江　ホントだ。荼枳尼天はサンスクリット語の「ダーキニー」の音訳。ヒンズー教では死者の肉を食らう夜叉《やしゃ》、つまり鬼神です。その恐ろしい神様がいつの間にか日本の稲荷信仰と結びついて、白狐にまたがる天女になっちゃった。

青山通りを挟んだ豊川稲荷の向かい側には、創業400年の老舗和菓子屋「とらや」赤坂店があるでしょ。明治2年（1869）の東京遷都のとき、明治大帝をお慕いして京都から一緒に東京へ出てきた皇室御用達の義理堅いお菓子屋さんです。赤坂御用地のそばなのだから、豊川稲荷じゃなくて、靖国神社が来て「とらや」と一緒になってほしかったな。

佐久間　僕の知り合いで、元赤坂の豊川稲荷に毎月お参りしている方がいます。なんでも、経営する会社の資金繰りがうまくいかず、神頼みですがったところ効果てきめんだったそうです。金運のパワースポットとしてはいち押しかもしれませんよ。

ただ、ご利益にあずかったからには、定期的に参詣してお賽銭《さいせん》をはずまないと罰《ばち》が当たるとか。「資金を融通してやったよな。それなのにお礼参りに来ねえってのは礼に欠けていやしねえかい？」。思わず闇金融の親分を連想しちゃう怖い神様です。

保江　じゃあ、東京で独り暮らしを始める女性にもオススメですね。お賽銭をケチらないで。でもね、本当のことを言うと、神頼みはダメ。大半の人が困ったときだけ神社にお参りして、普段は神様なんてほったらかしでしょ。それは虫がいい考えというもの。お参りするときは感謝の念を伝えるだけでいいのです。我が身を取り巻く状況がどんなに苦しくても、「今日も一日ありがとうございました」と一言いえばいい。

ついでに言っておくとね、身勝手な願かけは悪い想念とか怨念をばらまくだけなのです。例えば、出雲大社。東京から遠く離れてしまうけど、まっいいか……。最近、日本で唯一、定期運行している寝台特急「サンライズ出雲」に乗って出雲大社に詣でる女性が多いでしょ。東京駅を午後10時頃に出発すれば、あとは車内で酒盛り。ひと眠りして、翌朝10時には出雲市に到着します。

昼頃には出雲大社の御本殿に到着し、一心に手を合わせて婚活祈願。「一流企業に勤める彼氏が見つかりますように」「イケメン・高収入・高身長の男と出会えますように」「ぜいたくは言いません。年収1000万円以上の男なら、それで満足します」などなど、縁結びの神様を頼って全国から女性たちが集まり、好き勝手な願望を神様にぶつけて柏手を打つわけですよ。中には、神頼みしなければならないほど焦りまくっている子もいるんでしょ。

僕はもちろん岡山の人間はね、参拝者でにぎわう出雲大社にお参りしてそのまま帰るとろくなことがないって知っているのです。全国から寄り集まった種々雑多のエゴイスティックな想念をたっぷり浴びるのは、わざわざ禍をしょい込んで帰るのと同じ。
だからね、出雲大社にお参りしたら、その足で必ず美保神社へ行くの。島根半島の東端にある神社。その先は山陰最古の美保関灯台で、日本海の絶景を一望できます。僕が美保神社を勧める理由は、行けば分かります。出雲大社と美保神社をセットでお参りすれば、縁結びの願い事は完結します。出雲大社だけではダークな方へ引きずられるから、美保神社で邪気を払い落とさないと。ちなみに、岡山人は美保神社の帰りには境港の「水木しげるロード」に寄って、鬼太郎にご挨拶してから岡山へ戻ります(笑)。

佐久間　なるほど。ということは、必ずしも全国的に有名な神社だから安心してお参りできるというわけでもないのですね。

保江　そう。初詣のときも、参拝客でごった返すような有名な寺社に行くより地元の鎮守様に静かにお参りするのがよいかもしれない。初詣で思い出したけど、山頂と離島を除いて日本でいちばん早く初日の出が見られる場所はどこか知ってる?

佐久間　銚子の犬吠埼でしょ。真っ白な灯台がある。

保江　ブーっ！　ほとんどの日本人が犬吠埼って言うけど、間違いです。犬吠埼の少し南にもう一つ岬があるのだけど、そこがいちばん早く初日の出が見られる。犬吠埼よりも、わずかに太平洋側に突き出している長崎鼻と呼ばれる場所です。ここは隠れパワースポットで、長崎鼻一ノ島照射灯《ながさきはないちのしましょうしゃとう》という小さな灯台が目印になります。厳密に言うと、灯台のような回転式タイプではなく、海中の岩礁を照らす一点照射型タイプです。犬吠埼から海岸沿いの道を南へ進むと見えてきますよ。遠浅の磯だから満潮になると海水に浸かってしまうけど、干潮時であれば岬の突端まで歩いて行けます。

一般的には、北海道の納沙布《のさっぷ》岬のほうが犬吠埼よりも東だから、初日の出も納沙布のほうが早くなるように思えるけど、地軸の傾きの関係で季節によっては南東の方角へ行くほど初日の出の時刻は早くなります。とくに、元旦の日の出は北海道よりも銚子のほうが早いわけ。

さらに、ここの磯は6600万年より前の恐竜時代の砂岩・泥岩、約2000万年前の溶岩、約500万年前の礫岩《れきがん》と、3つの時代の岩石を一度に見ることができる貴重な場所でもある。たぶん、ブラタモリも知らなかったのでは……。

前途有望の若者たちは来年の元旦、人波に呑まれながら初詣するような寺社は避けて銚子の長崎鼻へ突撃すればいいのです。太陽と岩石からパワーをもらえば、その一年は幸多き年になるのは必定でしょう。だいぶ脱線しちゃったけど、何の話をしていたんだっけ？

佐久間　「お稲荷さん」ですよ。稲荷神社の鮮やかな朱色が視界に入ると、凄いなっていつも思います。以前は「どうせ外国の神様だろ」と関心がなかったのですが、稲荷神社は全国に3万社はあるといわれていますよね。もしかしたら、我々にだって渡来人の血が流れているかもしれないでしょ。そう考えれば、列島で長い歴史を一緒に過ごしてきた神様ですから、ちゃんとお祀りしたほうがいいと思います。

保江　同感です。豊川稲荷から程近い日枝《ひえ》神社はオススメですよ。山王台地の上にあって気持ちいいし、エスカレーターでも上れます。儲かっているんだろうね（笑）。境内に末社として祀られている山王稲荷神社の脇にある稲荷参道はお見事。朱色の鳥居がずらりと立ち並ぶ「千本鳥居」は、まるで赤いトンネルみたいです。朱は太陽の色であり、ひいては豊穣《ほうじょう》を表す幸運の色だから、神々しい気分になります。

佐久間　日枝神社は比叡山の鎮守である日枝《ひよし》大社から分霊された神社ですね。全国に約3800社ある日吉神社・日枝神社・山王神社の総本宮が日吉大社になります。ちょうど京都の鬼門にあたる位置ですね。ちなみに、比叡山は「日枝山」とも書いたそうです。日吉大社の「山王信仰」は、延暦寺を発祥とする天台宗と融合しながら広まりました。日枝神社はもともと江戸城の紅葉山にあったのですが、2代・秀忠の時代に江戸の裏鬼門を守護する麹町隼町に移り、明暦の大火で焼失したのを機に現在地に遷座したのです。

比叡山に多く棲む猿がいつの間にか神の遣いとなり、「神猿《まさる》」として日吉大社のシンボルになりました。日枝神社の境内にも、狛犬の代わりに「まさる」君が置かれています。神猿は「勝る」「魔が去る」に通じるとか。三角屋根をのせたような「合掌鳥居」は日吉大社と同じで、神仏習合を表す独特の形ですよ。

オフィス街にある神社だけに昼間はにぎわっていますが、深夜は不気味ですね。人っ子ひとり歩いていないし、猿のお化けが出ても不思議ではない雰囲気です。

スピリチュアル・ロンダリングを流行語大賞に！

佐久間　僕は、いままで東京のあっちこっちで地元のお年寄りからいろんな話を聞きました。東京大空襲では、ごく狭い地域でも灰燼《かいじん》に帰した場所とまったく被害を受けなかった場所にくっきりと分かれている所があるのです。無傷なままの土地には、まだ清澄な気が残っているということ。

保江　やっぱり、地元の古老は直感で分かるんですね。

佐久間　ですから、保江先生がこよなく愛する白金は、その典型的なパターンでしょう。

保江　「シロガネーゼ」という造語が生まれたのは90年代の終わり頃。白金の町工場が潰れ、跡地にマンションや瀟洒《しょうしゃ》な建物を建てても誰も入居してくれなかったらしい。設計したイタリア人が責任を感じて編み出した言葉だとか。「ネーゼ」はイタリア語で「住人」という意味。日本語なら、さしずめ「白金っ子」といったところでしょう。シロガネーゼがファッション雑誌やテレビで取り上げられ、白金や白金台に住むセレブのイメージが定着したようですね。
佐久間　白金台にはドン・キホーテがありますよね。高級住宅街にしては意外でした。セレブ御用達なのかな。
保江　いなげやもあるしユニクロもありますよ。庶民感覚を大事にするセレブもいるってことかな。
佐久間　八芳園のあたりも良さそうですね。
保江　大久保彦左衛門の屋敷があった所ですね。八芳園のある白金台は丘陵地帯だし、空襲を免れました。津波が来ても大丈夫そう。
佐久間　天変地異や空襲で死人が出なかったというのは、重要なポイントですね。
保江　そうなんです。次の大震災で甚大な被害が出るとするでしょ。すると、前回の震災や東京大空襲で死んだ人の成仏していない霊に引っ張られちゃうからね。仲間を求めて彷徨っているから。
佐久間　日頃の供養が大事ですね。
保江　「大島てる」じゃないけど、東京は事故物件も多いですよね。

佐久間　事故物件は知っておいたほうがいいと思います。間違っても、面白がって住むなんてことは避けることです。

保江　事故物件に当たったときはね、まず外国人に住んでもらえばいいんです。事故物件ばかりに住む外国人を、僕は何人も知っています。彼らにしてみれば、「日本人のお化け？　俺たちには関係ないから大丈夫さ」となる。

佐久間　なるほど。でも、イラン人が働くある工事現場では、やたらと幽霊が出る場所だったらしくて、そのイラン人は「疲れる」とこぼしていたそうです。

保江　工事現場は、掘り返せばいろいろ出てくるだろうからね。でも、分かる外国人もいるんだ。

佐久間　関東大震災の直後に調査員が各地を駆け回って作製した古地図「震災地応急測図原図」が残っていますよ。そこには朱文字で死者の数が手書きで記載されています。ちなみにこの地図を作ったのは、旧陸軍参謀本部に属した陸地測量部で、いまの国土地理院の前身です。「大島てる」さんをはじめ不動産業を営む人ならば、この地図を参考にしているかもしれませんね。

保江　へえ〜、そんな地図があるんだ。でも、やっぱり東京のへそに位置する皇居は安全ですね。真ん中が、いちばん良い。外苑の北の丸公園もいいですね。

佐久間　あそこには、田安門や清水門など江戸城の遺構が残っていますね。日本陸軍最初の歩兵連隊である近衛歩兵第一連隊と近衛歩兵第二連隊の記念碑もあります。第二連隊の記念碑はパワースポットみたいですよ。碑銘に直接手を触れるとご利益があると聞きました。夢源樹のエスパー・小林さんが、北の丸公園を勧めていましたね。

保江　触るといいんだ。たしかに、エネルギーの源に触れたほうが効果があるかもしれない。僕は先ほどの神田明神に寄ったあとは、車で必ず北の丸公園の方角へ走るんです。

佐久間　北の丸公園の皇居寄りのあたり……。

保江　そこがね、どうも龍の道の終点みたい。岡崎城の井戸に飛び込んだ龍がウチのそばの「白金龍穴」から飛び出して、「美女道」を経由し御田八幡神社を通って、日比谷通りを北へ上り、将門塚を迂回してから神田明神を経て北の丸公園に到るルートです。

佐久間　あと忘れちゃいけないのは、北の丸公園にある日本武道館です。60年前の東京オリンピックの直前に完成した武道館の正八角形の屋根は、法隆寺の夢殿をイメージして造られました。夢殿の中には、聖徳太子を等身大で表した救世《ぐぜ》観音像が安置されています。武道館には武術関連で何度も足を運びましたが、富士山の裾野のような屋根の躍動的な流線美にはいつもほれぼれします。

保江　たしかに、美しい建物ですね。八角形の「八」は、陰陽五行説の陰の極数なのです。夢殿の屋根も八角形だし、安倍晴明の墓の礎石も八角形。

佐久間　それは知りませんでした。女性が武道館に行くとすれば、コンサートがほとんどでしょうが、あの壮大な八角屋根の下でパフォーマンスするアーティストは、きっと変性意識状態になるんだろうと思います。

保江　北の丸公園内の科学技術館で、ときどき展示即売会を兼ねた「全国矯正展」が開催されます。全国の刑務所の受刑者たちが作った製品が一堂に会するのだけど、木工製品、金属製品、裁縫製品から神輿《みこし》まで登場します。15歳の頃から刑務所の慰問活動をしてきた杉良太郎が、いつも顔を見せますよ。展示品はどれも腕のいい職人並みの技術をもって作られていて、しかもお手頃価格なので凄い人気らしい。

いわば、罪びとの改心の証を世間に知ってもらえる素晴らしい催しだと思います。作る人・買う人、そして開催スタッフの心が洗われるはずですよ。そんな奇特な催し物を開く北の丸公園って、きっと魂を浄化させることができる土地なんだと思う。名付けて「スピリチュアル・ロンダリング」。おっいいね、この造語。略して「スピロン」。これを流行らせましょう。

佐久間　そのネーミングはいけますよ。いっそのこと、この対談本のタイトルにしてはいかがですか。内容は東京の話が中心だから、『東京スピリチュアル・ロンダリング』がいいかな。「ロンダリング」といえば、世間では「マネーロンダリング」と受け止められています。でも、「コインランドリー」の「ランドリー（laundry）」と「ロンダリング（laundering）」は、同じ動詞「launder（洗濯する、汚れを除く）」から派生した言葉です。ですから、「スピリチュアル・ロンダリング」は負のイメージを払拭《ふっしょく》する。不浄な存在に遭遇しても、これに伝染することなく逆に「清らかな魂」に変えてしまう。「禍を転じて福となす」の発想から生まれた言葉ですね。今年の流行語大賞を狙いましょう（笑）。

さて、皇居周辺でいえば、明治期の高級社交場である鹿鳴館があった場所、いま帝国ホテルが建っているあたりもパワースポットですね。道路を挟んだ日生劇場あたりも良い場所です。帝国ホテルは日比谷公園の真向かいですからね。

東京の〝フォーチュン・タクシー〟を探せ

保江 ここでね、スピリチュアル・ロンダリングの極意というか奥義について話しておこうと思います。人の死って、大まかに言えば自然死、病死、災害死、自殺、他殺に分けられるでしょ。このうち、老衰による自然死は天寿を全うした死だから「幸せな死」です。スピロンの対象外。病死もそうかな。業病にかかり無念の涙を呑んで旅立つ人が多いけど、これも仕方ないもんね。

今回の対談で取り上げたのは、時代を問わずすべて「不幸な死」です。刑死・獄死、自死、戦死、天災・人災による死、そして命を他者に奪われた死。そんな不幸な死を遂げた場所を訪れスピロンするにあたっていちばん大事なのは「慈愛と感謝」です。「愛」はキリスト教的な表現だし、口にしただけで面映《おもは》ゆいから僕はあまり使いたくないですね。日本人的には「慈愛」ですよ。あるいは「同情」「憐憫《れんびん》」でもいい。そういう深く温かい気持ちで彷徨う霊を慰めてあげれば、おのずとスピロンできると思う。

佐久間　たしかに、そうですよね。心を慈愛と感謝で満たして、悪い念が付け入る隙を与えないようにすれば怨霊だって祟れなくなります。対象が大震災や空襲で亡くなった不特定多数であれば、「あなたがたのお陰で、いまの日本があります」と念を発すればいい。

保江　そうそう。巷で流行っている心霊スポットを面白がって訪ねることは厳禁です。たまたま通りかかった所が、いわく付きの場所であれば「慈愛と感謝」をもって瞑目《めいもく》して祈ればいいのです。さっきタクシーの話が出たけど、「走るパワースポット」と呼ばれるタクシーの運転手さんが東京に数人いるの知っていますか？　昔の同業者にいなかった？

佐久間　走るパワースポットですか……初めて聞きました。

保江　以前、たまたま乗ったのです、「徳」を積んだタクシーに。その運転手さんにいろいろ話を聞いたのだけど、そういう奇特な運転手はだいたい初老の方ばかりで、タクシーの収入がなくても暮らしに困らない人。言ってみれば、道楽でタクシーを転がしている人たちで、弁護士だったり、会社経営者だったりするの。中には、マンションの所有者もいるらしい。

本業に飽きたのかは知らないけど、彼らはある日突然、天の啓示を授かりタクシー運転手という職に目覚め、ご縁が生まれた乗客を助ける役目を務めるようになったわけです。

佐久間　世間一般では、変人で片づけられてしまうタイプですね。そういえば、昔『ヘイ！タクシー』というマンガを読んだことがあります。たしか、乗客の手助けに燃える熱血運転手が主人公でした。

保江　そんなマンガがあったの。鋭いね、その漫画家は。慧眼《けいがん》の持ち主だ。それでね、僕が乗った「人助けタクシー」の運ちゃんは、僕の本の熱心な読者だったの。向こうも驚いていた。日頃愛読している本の著者が、偶然に道端で手を上げたのだから。
その運転手さんが言うには、仕事の失敗や失恋で落ち込んだ女性や、どことなく頼りなくてチャラ男の餌食《えじき》になりそうな女性が後部座席に座ると、すぐ分かるらしい。とくに落ち込んだ子には当たり障りのない言葉をさりげなくかけ、最後には「元気を出しなよ。人生、山あり谷あり」と一声かけて降ろすんだって。でも、下車してすぐ線路にでも飛び込みそうな気配を感じたら、タクシー会社の営業所や自分の友達が経営している飲食店に連れていくらしい。送り出すときには、いくばくかのお金を持たせるそうです。助けられた女性の中には、あとでお礼に来る子もいるんだって。

佐久間　そんな優しい同僚が近くにいればよかったなあ。僕がやっていた頃のタクシーの運転手なんて、銭勘定が細かいオッサンばっかり。営業所の控室でテレビを見ている途中でトイレに立って戻ってきたら財布がなくなっていたとか、油断も隙もあったもんじゃありません。タクシー時代は、ダークな場面しか記憶に残っていないなあ。
最近はドライブレコーダーが普及したせいで、女性の運転手がずいぶん増えましたよね。でも、昔はタクシーの運転手が乗客に殺される事件が時々発生したし、かなり危険な商売でしたよ。日本のタクシーって、ニューヨークのイエローキャブみたいに運転席と後部座席をちゃんと仕切っていないでしょ。だから、乗ってきた乗客をバックミラーでチラチラ観察するのが、とても大事でした。

保江　正義の味方・バットマンの辛いところですね（笑）。でも、個人ではなくて、会社を挙げて「スピロン・タクシー」を走らせているケースもある。例えば、日本交通のタクシー。

佐久間　業界最大手のハイヤー・タクシー事業者ですね。東京ではタクシーの保有台数はトップでしょう。ちなみに、都内では4万台ものタクシーが走っています。

保江　そうなの。その日本交通の、都内で走っている約5000台のうち7台が「幸運のタクシー」。僕、結構当たるのよ。車のてっぺんに付いている社名入りの表示灯があるでしょ。

佐久間　行灯《あんどん》ですね。日本交通は「桜にN」マークです。一般の乗務員が運転するタクシーは「青色の桜」、ベテラン乗務員なら「金色の桜」ですよ。

保江　さすがに詳しいですね。その2色に桜色が加わって、これが都内で7台しか走っていない「幸運のタクシー」です。京都のヤサカタクシーも、幸せを呼ぶ「四つ葉のクローバー号」を走らせています。通常のヤサカタクシーの行灯は三つ葉なのだけど、四つ葉の行灯を付けているタクシーが4台存在します。1300台のうちの4台だから、日本交通よりは遭遇する確率が高いかな。

佐久間　運よく「幸運のタクシー」に乗れただけで「ラッキー!」って感じですよね。幸福の黄色い新幹線「ドクターイエロー」に出会う確率に比べると、どっちが高いのかな。

保江　分かりません。「幸運のタクシー」が駅前で客待ちするとは考えられないからね。走行ルートや車両ナンバーも秘密らしい。日本交通とヤサカタクシーの幸福タクシーは、運よく乗ってきたお客さんに記念乗車証をあげるの。もらえないお客さんもいるらしいけど、僕はどちらも持っています。中には偶然に偶然が重なって、乗客がこれから結婚式場に向かう新郎新婦だったこともあるとか。

でも、最初に紹介した「走るパワースポット」は一匹狼のラッキー・ドライバーですよ。会社の特別車両を運転しているわけではなく、幸せを呼び込むドライバーを自ら志願し街を流しています。一匹狼もひっくるめて、「フォーチュン・タクシー」とでも呼べるかな。

東京で一生懸命がんばっている女性は、出会う確率が高いかもしれない。僕の経験から言うとね、皇居周辺はフォーチュン・タクシーと遭遇する機会が他の場所よりも多い気がする。

佐久間　フォーチュン・タクシーをゲットするのはホールインワン並みの確率だとしても、最近は都内でタクシーをつかまえること自体が大変になってきましたよね。流しにせよ。迎車やアプリ配車にせよ、時間がかかり過ぎる。いちばんの原因は、コロナ禍によるドライバー不足にあると思いますが……。

保江　その中でもつかまりやすいのが港区なのです。とくに、白金界隈。なぜかというと、清潔な公衆トイレが多いから。あとは、白金一帯は気分よく走れるんだって。タクシーの運ちゃんが言っていました。震災や空襲で死んだ人がいないからかな。

あとはね、移動の足というと電車やタクシーをすぐに思い浮かべるだろうけど、都バスは意外に便利ですよ。港区の住人には都バスが重宝しています。例えば、渋谷～六本木～新橋のコースを挙げると、渋谷・六本木間は直線距離では近いけど、電車だけでは行けません。でも、都バスなら一本。さらに目的地が同じ新橋でも、溜池、虎ノ門を経由するコースがあれば、麻布十番、赤羽橋を経由するコースもある。

港区は都バスが縦横に走っているし、区のコミュニティバス「ちぃばす」（１００円）が区内８ルートを巡っている。

佐久間　父親が都バスの関係者だったので、子どもの頃によく乗りました。少し高い位置から都心の風景を見物できるのがよいですね。都バス一日乗車券（５００円）を買えば一日に何回乗ってもいいし、都営まるごときっぷ（７００円）なら一日限定で都営地下鉄や都電も利用できます。シルバーパスもありますね。

保江　総合的に判断しても、港区・千代田区は若い女性が住むには安全です。千代田区は住居地域が限られるだろうけど……。部屋代が多少高くても、都バスのネットワークを大いに活用してやりくりできるでしょう。事故物件にぶつかっても、スピリチュアル・ロンダリングで幸福を呼び込む物件に変えればいい。

唇に紅をさす道玄坂地蔵

保江　さて、次は繁華街へ出てみましょうか。僕は正直なところ、新宿とか渋谷、池袋といった繁華街は、あまり行く気がしないんですよ。いつ訪れても人の波だし、なんか嫌なんだよね。

佐久間　もう何十年も前になりますが、渋谷の道玄坂で女性が強盗に遭った現場に出くわしたことがあります。夜の11時過ぎだったかな。メシを食いに行こうと思って歩いていたら、「キャ～っ！」と悲鳴が聞こえて。地下道みたいな薄暗い場所があったんですよ。近づくと、顔がはれ上がった若い女性が倒れていました。強盗に殴られたのでしょう。通行人が介抱していました。殺人じゃなくてよかったです。当時の渋谷はどことなく暗い雰囲気があって、怖い街だなと思いましたね。

保江　渋谷駅周辺はいま、１００年に一度といわれる大規模な再開発が進行中でしょ。渋谷のランドマーク的な超高層ビルが雨後のタケノコみたいに建っていますよね。昔の怖いイメージはすっかり消えたように見えるけど、あの街って、どことなく危うい感じがするんですよね。
例えば、渋谷駅西口にでっかい歩道橋デッキがあるでしょ。頭上を首都高3号線が走るあの構造は、どう見ても不自然・不安定。その歩道橋を渡りながらふと上空を見上げると、旅客機がかなり低い高度で飛んでいる。何年か前に渋谷駅上空が羽田便の新しい飛行ルートになったことを思い出したのだけど、その瞬間、旅客機が渋谷のランドマークに激突する映像が突然脳裡をよぎったの。9・11のときみたいに……。

佐久間　再開発で外面《そとづら》がいくら立派になっても、街に刻まれた闇の歴史は完全には消えないのかもしれませんね。さっきの道玄坂を上って右にちょっと入ると円山町《まるやまちょう》です。いまの青山通りは江戸時代の大山街道で、円山町は宿場町として栄えました。
明治以降は花街で有名になり、陸軍の将校たちの遊び場所でもあったようです。いまはラブホテル街に変貌し、近頃は「裏渋」とか「奥渋」と呼ばれているらしいですよ。花街の面影を残す料亭も営業しています。27年前、慶大卒で東京電力に勤めていた女性管理職の絞殺死体が発見されたアパートも円山町です。

保江　やっぱり、話をダークサイトへ持っていきますね（笑）。東電ＯＬ殺人事件は、よく覚えてますよ。円山町だったのか。たしか、捕まったのはネパール人男性だったよね。でも結局、無罪放免となった。

佐久間　あれは、真犯人がまだ見つからない未解決事件です。迷宮入りの可能性が高いでしょう。東電のエリート社員が昼間の仕事を終え毎日のように円山町へ通って身を売っていたという衝撃的な事件が、世間を騒がせました。被害者の父親も東電のお偉いさんでした。「昼間ＯＬ、夜は娼婦」の暮らしを何年も続けていたこの女性は、心にどんな闇を抱えていたのだろうかと思わず考え込みましたよ。被害者の享年は39歳。いま生きていれば、僕より２つ３つ上のオバちゃんです。

保江　原因は職場のストレスだけではないような気がします。他者がうかがい知ることのできない深い絶望感みたいなものが、心身をむしばんでいたのでしょう。

佐久間　もう10年以上前になりますが、ノンフィクション作家・佐野眞一の『東電ＯＬ殺人事件』を読んだあと、その現場に行ってみたんです。井の頭線・神泉駅の近くの路地を入ってすぐの場所でした。女性が殺されたボロボロの日当たりの悪い木造アパートは、まだ残っていました。周りも薄暗くジメジメした雰囲気が漂っていました。

「こんな所で殺されたのか……」としばらく佇み、瞑目して立ち去りました。

保江　昔の花街でスピロンをやってきたわけだ。佐久間先輩の鎮魂の思いが、きっと泉下の東電ＯＬにも伝わったと思いますよ。

佐久間　惨劇のあったアパートから渋谷駅に向かって円山町を歩く途中、道端に竹垣に囲まれた「道玄坂地蔵尊」と遭遇したんです。説明文によると建立されたのは３００年前だとか。手を合わせようと思ってお地蔵さんの顔を見ると、なんと口に紅がさしてあるではありませんか。東電ＯＬの殺人現場を訪れたあとだけに、ぎょっとしました。

不幸な死を遂げた被害者の魂を慰めようと考えた女性が、お地蔵さんに口紅を塗ってあげたのかもしれません。ちなみに、このお地蔵さんの通称は、被害者の名前を冠した「○○子地蔵」だそうです。

保江　おそらく、あの事件を「他人事じゃない。アタシも被害者と同じ運命をたどったかもしれない」と捉えた女性が少なからずいたのではないかな。その道玄坂地蔵は、殺されたＯＬだけではなく、円山町で不遇の人生を送らざるを得なかった女性たちをずっと見守ってきたのだと思います。
数日前、海外で売春する日本人女性が増えているなどというとんでもない報道を目にしたけど、ゆゆしき問題ですよ。昔の「唐《から》ゆきさん」じゃあるまいし。いちばんの原因は、国力の著しい低下だと思う。日本の「一人あたりGDP」はとうとう韓国にも抜かれて38位に転落しました。日本人女性を護るためにも、産業を育てて経済力を上げないと。

佐久間　道玄坂から円山町へ向かうときに通る百軒店《ひゃっけんだな》も、かつては青線地帯でした。戦後は、進駐軍が代々木練兵場を接収して建てた米軍宿舎ワシントンハイツに暮らす米兵たちには、恰好《かっこう》の遊び場所だったようですね。
この百軒店で生まれ育ったのが、昭和の毒婦・細木数子です。細木の母親は百軒店で怪しげな飲み屋を営んでいて、細木は少女時代から「客引き」しながら稼いでいたようです。いまのダーク系芸能人でも、細木の右に出る人はいないでしょう。ヤクザの親分まで手玉にとる肝っ玉オバちゃんでしたから。

保江　当たらない占いで有名な六星占術の創始者ですね。テレビという公共の電波を使って「地獄に堕ちるわよ！」と盛んに毒舌を吐いていたあのオバちゃんの姿はよく覚えていますよ。たしか、明治生まれの陽明学者で歴代首相の指南役ともいわれた安《やす》岡正篤《おかまさひろ》も、オバちゃんの毒牙にかかりましたね。

佐久間　当時の安岡は高齢で、頭も体もヨイヨイ状態だったらしいですよ。六星占術は細木が他の占い師からパクって編み出したものです。易学者でもあった安岡正篤の箔《はく》をつけるために近づいたようです。硬骨のルポライター・溝口敦が『細木数子　魔女の履歴書』で細木の過去を暴いています。その細木も3年前に83歳で地獄に堕ちました。でも、細木のインチキ占星術を受け継いだ血族が、いまも活動しているようです。

保江　細木占いは健在なり……。詐術の被害に遭う人は絶えないのでしょうね。僕に言わせれば、そもそもインチキ占いなんかに頼ろうとする気持ちがダメ。出発点が間違っていますよ。自分の人生は己の力で切り拓くくらいの気概がないとね。中村天風の『運命を拓く』でも読むといいのだけど……。

第3章

江戸・東京の結界はまだ健在なり

良書とのランデブーは知的スピロンになる

佐久間　ここで少し脱線させてください（笑）。渋谷駅前のスクランブル交差点から公園通りを少し歩いた所に、20年ほど前まで「本のデパート・大盛堂書店」があったでしょ。6階まであったかな。渋谷でいちばん品揃えがよい本屋さんでした。保江先生と佐川道場の稽古帰りに、「武術本を見にいこう」って時々寄りましたよね。

保江　大盛堂書店。懐かしいですねえ。いまはセンター街の入り口で細々と営業しているようだけど、創業100年を超えているでしょ。

佐久間　大盛堂の創業者・船坂弘《ふなさかひろし》は、日本が絶望の淵に追い込まれつつあった昭和19年、パラオのアンガウル島の激戦で米兵100人以上を殺傷した伝説の元兵士です。アンガウル島は9年前に天皇皇后両陛下（現・上皇上皇后両陛下）が慰霊に訪れたペリリュー島の南に浮かぶ小島で、駐留する日本の兵力1200人に対し2万人以上の米軍が襲いかかりました。

擲弾《てきだん》筒分隊を率いる船坂は、軍医から自死用の手榴《しゅりゅう》弾を渡されるほどの重傷を何度も負います。腹部に敵弾を受けたときは、弾丸が体内に残り蛆《うじ》が湧いたそうです。船坂は傷口へ火薬を押し込んで消毒し、再び戦いに臨みます。最後は夜通し匍匐《ほふく》前進し米軍司令部へ向かいます。死ぬ前に一矢報いてやろうと突入したものの、敵弾が首筋を直撃。てっきり死んだものと思い込んだ米兵は船坂を野戦病院に運び込むのですが、なんと3日後に蘇生しました。

当の本人は、「生まれつき傷が治りやすい体質だったことが幸いした」とけろりとしていたそうですが、どう考えても尋常な体質ではありませんよね。体質うんぬんよりも、神様が船坂を死なせなかったということだと思います。

保江　そんなスーパーマンみたいな人が大盛堂の創業者だったの……。驚いた。

佐久間　「不死身の分隊長」として米兵を震え上がらせた船坂はその後、捕虜となり収容所を転々とし、終戦の翌年に帰国しました。強烈な戦場体験を重ねた彼はアメリカがあらゆる分野で日本よりも優れていることを痛感し、日本人の文化・教育の向上が急務であると思い立ち書店を始めたのです。

20代の頃、僕は船坂に少しでもあやかりたいと思って大盛堂によく足を運びました。

武術の書棚をあさりながら大東流の稽古に励んでいるうちに、そこそこ強くなったように思います（笑）。

保江　なるほど。渋谷も捨てたものじゃないですね。大盛堂は佐久間先輩にとってのパワースポットだったということ。

佐久間　そういうことになりますね。三島由紀夫は舩坂の著作『英霊の絶叫　玉砕島アンガウル戦記』に序文を寄せています。後年、三島が自衛隊市ヶ谷駐屯地で割腹自殺したときの介錯に使われた「関の孫六」は、序文のお礼にと舩坂から贈られたものらしいです。

保江　公園通りの大盛堂書店もそうだけど、去年はＭＡＲＵＺＥＮ＆ジュンク堂書店・渋谷店、八重洲ブックセンター、三省堂神保町本店が閉店しましたよね。街の本屋さんも年々姿を消していく。すべてアマゾンの影響でしょう。そのアマゾンを重宝する僕も複雑な心境です……。

佐久間　本屋さんって、「知的スピロン」の場でもあると思いますよ。古本、新刊本を問わず、本との運命的な出会いによって、濁り切っていた心が洗浄され人生を劇的に変えてしまった人はたくさんいるはずです。

保江　そうですね。神保町の古本屋街でもよいわけだ。去年の秋、初めて神保町の古本まつりをのぞいてみました。いやあ、歩道にまで古本が積み上げられていて感動しました。スピ系の本もいろいろ並んでいたっけ。古書店それぞれに個性があるんですね。

佐久間　僕も昔、ある有名な漫画家のアシスタントをやっていた頃、資料探しに神保町の古本屋街を時々うろちょろしました。アマゾンはたしかに便利ですけど、アマゾン一辺倒はよくないと思います。本屋に足を運ぶことで、人と出会うことだってあるわけですからね。東京はあらゆる書籍が集まる全国一の都市です。学生生活や就職で東京に出てきた若い女性には、良書とのランデブーを重ねてもらいたいな。

地方人に優しい東京人

保江　東京の暗黒面を知り尽くす「バットマン佐久間」のアドバイスは、これから東京で頑張ろうとする女性は覚えておいたほうがいいですね。この本を、東京スピリチュアル・ロンダリングの指南書としてほしいですね。

岡山で生まれ育った僕からすると、東京人は押しなべて優しいですよ。例外はあるとしてもね。親の代や祖父母の代に東京へ出てきて苦労してきた人たちが多いからかな。初めての居酒屋や食堂でも、常連さんが温かく受け入れてくれます。田舎とは大違い。地方の飲み屋なんか一見客を受け入れないばかりか、意地悪したり馬鹿にしたりすることもある。

佐久間　たぶん地方によると思いますよ。例えば僕の知り合いに、長崎を初めて訪れたところ、そこの人々に共通する穏やかで温かい気質が気に入って、何十回となく足を運んでいる東京人がいます。その一方で、都としての歴史が長い京都にはお高くとまる人間が多い、なんて毛嫌いする人もいますしね。

保江　そうかもしれないけど、基本的に東京は地方人に優しいと思う。ウチの近所の飲み屋はもちろん、八百屋、魚屋、クリーニング屋のおばちゃん、おじちゃんはみんな親切ですよ。だからね、勉強や仕事で上京したい若い女性にとって、東京は頼りがいのある都市だと思うのよ。田舎には、「このおっちゃんに頼み事すると、あとあと面倒だろうな」みたいな雰囲気があるんですよ。

東京には、「走るパワースポット」は極端としても、佐久間先輩のように「歩くパワースポット」が多いでしょう。道を尋ねるにも安心して聞けるおじさんが歩いている街は安全なのです。

佐久間　僕も東京生まれの東京育ちですが、都内に住んでいた頃は、よく女性に道を尋ねられました。

保江　ほら、やっぱりそうでしょ。「歩くパワースポット」を実践してるんじゃゃん。道を聞くほうだって、その前に相手を素早く品定めするからね。「ちょっとヤバそうなオッサンだな」とか「このおじさんは大丈夫だわ」とかね。だから、スマホの地図アプリばかりに頼らないで、人に直接聞くことも大事だと思う。人との触れ合いがきっかけで、理想的な住まいが見つかることもあるだろうし、良縁が生まれる可能性だってあるわけだから。「歩くパワースポット」に出会えれば、自動的にスピリチュアル・ロンダリングできますよ。

佐久間　江戸っ子って、父母ともに3代続きが条件だといわれます。すでに時代は令和ですから、東京は表向きには「ちゃきちゃきの江戸っ子」ばかりのはずですが……。

保江　江戸っ子も言葉はべらんめえ調だけど、基本的に中身は優しいんですよ。外国人だってこれだけ増えたわけだから、彼らを邪険に扱えば国の評判だって落ちる。気軽に声を掛け合えることができる街が増えれば、東京はもっと魅力的な都市になりますよ。

佐久間　それにはスピロンを流行らせるしかありませんね。

保江　そういうことです。東京に暮らす若い女性が自分の車を運転する機会は少ないかもしれないけど、例えば、普通免許を取得したあと試しに運転してみるとたぶん分かると思う。僕は以前、岡山や京都、仙台、名古屋といった地方都市や外国でばかり運転していました。数年前から東京で運転して感じたことだけど、東京のドライバーって意外にマナーが良いのよ。2車線道路を走行中に前方が工事現場だと隣の車線に移る必要が生じるでしょ。そんなとき、東京人ドライバーは必ずといっていいほど、先を譲ってくれる。こんなこと、岡山ではあり得ないことです。脇から入り込もうとしても、絶対に入れてくれません。

佐久間　東京の道路は信号も多いから、いったん止まって譲るのに慣れているのもあるでしょう。

保江　それもあるし、譲ってあげようという気になるのですよ。東京で運転するときは、僕もみんなに先を譲ってあげて、譲られた相手も「ありがとう」とハザードランプをパッパッと光らせるでしょう。譲り合いって良いもんだなと思うのだけど、これが岡山に帰ろうものなら、「おいおい割り込むんじゃねえよ。絶対、譲んねえぞ！」ってなる（笑）。

佐久間　僕の住む神奈川は、譲らないドライバーが多いように思います。東京は車線によって行き先が決まってしまうようなところがあるから、慌てて車線変更しようとするドライバーにも心に余裕をもって譲るのでしょうね。

保江　あとね、東京は至る所でお巡《まわ》りさんを見かけるよね。巡邏《じゅんら》中の警察官や自転車に乗る警察官、それにパトカー。一日に何度も目撃することがある。田舎ではお巡りさんを一人も見かけない日なんて、ざらにありますよ。とくに若い女性は、地元のお巡りさんとすれ違うときに率先して「こんにちは」とにこやかに挨拶するといい。顔を覚えてもらえば、何かのときに助けてくれますよ。

都内各所の交番も目立つよね。交番は「ＫＯＢＡＮ」として、海外でも認知されるようになりました。外国人も頼りにしている。地域住民にとって、交番や駐在所は暮らしを守ってくれる大事な拠点です。

自衛官も同じ。地震や水害などの災害時には、いちばん頼りになる存在です。今年の元日に起きた能登半島地震の被災者救助も自衛隊なしでは実現しなかった。何年か前の夏、海上自衛隊のイージス艦「こんごう」が大阪港に寄港して一般公開したときに見学したの。甲板にどっしりと鎮座する主砲の54口径１２７ミリ速射砲をうっとりと眺めながら、「この主砲、僕に売ってくれないかなあ」なんて空想にふけっていたときです。ふと艦内売店の脇を見ると、何やら貼り紙がしてあるではありませんか。「君の妹さんかお姉さんを仲間に紹介しよう」の文面です。ははあ〜、自衛官のお嫁さん探しが深刻なんだと思いましたね。自衛官不足の悩みに嫁不足が加わったいまの自衛隊は、大変厳しい状況にあります。警察官や消防士、自衛官は「制服を着たパワースポット」なのだけどね……。

佐久間　制服組には、いいお嫁さんが見つかるとよいですね。

保江　麻布の茶坊主さんが言ってたけど、警察官・消防士・自衛官になろうとするタイプは、他者を護るという霊的使命を帯びて今世に生を享けた人が多いそうです。だから、女性たちが制服組にもっと目を向けてくれたらいいですよね。警察官か消防士か自衛官に嫁げばスピリチュアル・ロンダリングできますよ。この本を警視庁・消防庁・防衛省のトップに進呈すればいい。金一封が出るかもしれません（笑）。

昭和の歌姫の霊に会える？　花園神社

佐久間　さて、ここらで気分を変え新宿に行きましょう。エスパー・小林さんの受け売りですけど、新宿駅から伊勢丹あたりまでは安全エリアだそうですよ。その先の「新宿五丁目交差点」の靖国通りを越えると、たしかに雰囲気が途端に変わります。本書の読者には女性が多いのでサラっと流しますけど、靖国通りを渡った新宿２丁目の一帯はかつての遊郭や赤線・青線地帯であり、不幸な一生を送った女性が多いのです。

保江　また、そっちに行っちゃうの？　あまり気分転換にならないけど、まっいいか。きっと、新宿2丁目にも不遇な霊がいまでも彷徨っているかもしれない。とにかく靖国通りの手前までは大丈夫というわけね。あれっ、10年くらい前にオープンしたルイ・ヴィトン新宿店は靖国通りの向こう側でしょ？

佐久間　あの店は新宿3丁目ですから、ぎりぎりセーフです。そもそも新宿そのものが甲州街道の宿場「内藤新宿」でした。江戸の品川（東海道）、千住（奥州街道）、板橋（中山道）と並ぶ四宿の一つです。これらの宿場には宿場女郎と呼ばれる女性がいました。参勤交代で江戸に住む諸藩の武士や大店《おおだな》の奉公人などでたいそう繁盛したそうです。

江戸には、幕府公認の遊郭である吉原以外に非公認の私娼地（岡場所）がたくさんあったのです。深川八幡こと富岡八幡宮（江東区）の周辺、谷中（台東区）、根津や音羽（いずれも文京区）、赤坂など寺社の門前や盛り場が100ヶ所以上もあったといわれます。聖なる存在である巫女が身を落として遊女になることが多かったのです。

保江　富岡八幡宮って、7年くらい前に宮司が斬殺される事件が起こったよね。殺害したのは肉親の元宮司。長年にわたる骨肉の争いが爆発したのでしょ。加害者は犯行のあと境内で自殺したらしい。「死後も怨霊となって祟りつづける」なんて書き置きを残して。あの神社はなるべく避けましょう。お祓いは済んだかもしれないけど……。

富岡八幡宮から隅田川の永代橋を渡った茅場町駅の近くに明徳稲荷神社があるんだけど、そこは運気上昇のパワースポットとして密かに知られています。

佐久間　新宿2丁目界隈についてもう少し語らせてください。

保江　あれっ、まだ続きがあるの？　新宿2丁目近くの新宿御苑は良い所です。別世界。広い芝生で裸足《はだし》になれば、体内にたまった電気を抜くこともできます。犬の糞を踏んづける心配もないし、カフェもあるやん。緑が多くて空も広く、空気も澄んでいる。スピリチュアル・ロンダリングするにも費用対効果が良いですね。

佐久間　スミマセン……。新宿2丁目は昭和32年（1957）の売春防止法の施行を機に「ゲイの街」に生まれ変わります。いまやゲイ・バーだけでも数百軒に上るでしょう。近年はレズビアン・バーも増えているそうです。今風に名付けると、「ゲイ・タウン」じゃなくて、「LGBTタウン」と呼ぶべきかもしれません（冷や汗）。

昔、僕は大東流の稽古の帰り、O先輩に新宿2丁目に拉致されたことがあります。でも、そこはゲイ・バーに囲まれた普通の居酒屋でした。ゲイ・タウンの真ん中に赤ちょうちんをぶら下げる飲み屋がポツンと残る不思議な光景でした。

戦中に牡丹江《ぼたんこう》（旧満州）から命からがら引き揚げてきた岩手出身のお母さんが切り盛りする店で、カウンターにはお母さんの手料理がずらりと並んでいましたね。どれも味は天下一品。編集者やフリーライターのたまり場でしたね。そのお母さんは20年以上前に亡くなりました。その後、あの店はどうなったのだろうと見に行ったら、レズビアン・バーに変わっていました。

保江　佐久間先輩、次の目的地に行きましょう（笑）。新宿区役所から少し入った、かの有名な新宿ゴールデン街は、いまでは外国人観光客であふれ返っているらしいですね。その近くには、花園神社があります。

佐久間　新宿の総鎮守ですね。花園神社は良いそうですよ。境内にある芸能浅間《せんげん》神社は、江戸時代から芝居や舞踊の興行と縁が深かったようです。「♪十五、十六、十七とアタシの人生暗かった〜♪」の……。

保江　藤圭子っ！

佐久間　ご名答！　宇多田ヒカルのお母さんですね。

保江　圭子ちゃんは、僕と同い年。懐かしいなあ。ヒット曲に『新宿の女』『圭子の夢は夜ひらく』なんてのがあった。あの可憐な容姿からは想像もつかない、ドスの利いたハスキーボイスが肚《はら》に響くんですよ。演歌歌手というより、ロック歌手に近いような気がする。昭和40年代の圭子人気はとにかく凄かった。心を病んだまま不幸な死を遂げて10年以上になるかな。享年は60いくつかじゃない。えっ、もしかしたら藤圭子の霊が花園神社に出るの？　圭子ちゃんのお化けなら大歓迎！

佐久間　保江先生が望めば、出るかもしれません。実は、『圭子の夢は夜ひらく』の歌碑が、その芸能浅間神社に建っているんです。『新宿の女』の歌碑は、新宿6丁目の西向天神社《にしむきてんじんしゃ》にあります。

保江　そうだ、たしか作詞家の石坂まさをと出会ったのが新宿6丁目ですよ。それで

『新宿の女』でデビューしたんだ。ちょうど大学闘争の真っただ中、東大安田講堂攻防戦の年ですよ。そうそう、デビュー曲を売り込むため、圭子ちゃんは「新宿25時間立体キャンペーン」に狩りだされるのだけど、西向天神社はそのスタート地点。

自らの手で命を絶ったのも新宿。東北出身の圭子ちゃんにとって、新宿は因縁の深い土地なんですね。新宿の歌碑になった昭和の歌姫か……。同世代のよしみで、花園神社へ一度お参りに行かないと。

「♪赤く咲くのはけしの花　白く咲くのは百合の花　どう咲きゃいいのさこの私～夢は夜ひらく～♪」（JASRAC出 2403812-401）

佐久間　保江先生の夢はもう満開ですから、ご安心くださいませ（笑）。新宿をそんなに毛嫌いせずにぜひ一度、花園神社へ足をお運びください。この神社には、現役の芸能人も参拝に訪れるそうです。鳥居も社殿も鮮やかな朱色で目が覚めるような神社ですから。

保江　分かりました。神社はね、本当は朱《あか》がいちばん良いのです。参拝者の心を明るくするし、少々の悩みなんて吹き飛んでしまうから。

貧困者の犠牲の上に成り立つアパレル業界

佐久間　保江先生、新宿と渋谷の間にある原宿はいかがですか？

保江　明治神宮は良いけど、竹下通りのほうは好みません。とくに、裏原宿で半グレが衣服を売って稼いでいるというのはおかしいでしょ。

佐久間　裏原宿《ウラハラ》は、原宿通りや旧渋谷川遊歩道（通称・キャットストリート）のあたりですね。アパレル関連のショップが密集しているエリア。竹下通りが原宿の「表の顔」だとすれば、ウラハラは「裏の顔」。ウラハラが注目を浴びたのは、90年代からです。

たしかに、この一帯は黒い噂が絶えませんでしたね。5年前、沢尻エリカが合成麻薬使用で捕まりましたね。エリカちゃんの彼氏は、ウラハラ系アパレルのファッションデザイナーでしたが、同じ年に麻薬取締法違反で逮捕されました。

保江　沢尻エリカね。どちらかというとポッチャリ系のかわいい女優さん。ウラハラで身を落としたか……。それにしても、佐久間先輩はダーク系芸能人にも強いですね。

佐久間　はい。バットマン佐久間の裏技です（笑）。資金のない若者がウラハラにファッションの店を出そうというときに、暴力団が出資するケースが結構あったようです。その新店舗を使って、クスリの闇ルートを開拓していったのでしょう。ヤクザや半グレが暗躍する下地ができていたわけです。

しかも、ヤクザって派手な紋々《もんもん》（刺青）はもちろん、洒落《しゃれ》っ気をむき出しにする人種です。ファッションにもの凄くこだわるんです。ヤクザ・ファッションって、いまの若者に人気ですよ。アマゾンや楽天のサイトをのぞくと、アイテムがたくさんあります。

保江　だからね、女性は絶対にそんな危険地帯に足を踏み入れちゃいけないの。反社が牛耳っているような場所に行かなくたって、洋服はどこでも売っているんだから。新宿や銀座のデパートに行けばいいんですよ。どうせ、パパが買ってくれるのだから。

佐久間　やっぱり、半グレ系の服と普通の店の服って、違いがあるものなんですか？

保江　そりゃ、当然です。料理に作る人と食べる人がいるように、服だって作る人と着る人がいるでしょ。食べるのも着るのも同じ。「作り手」の念が伝わるわけだから。

幸せな気分で服を作る人と、工場で奴隷のように働かせられながら服を作る人を想像してみてください。身に着けたときに、きっと何かが現れますよ。この話もスピロンと多少は関係しますね。

佐久間　それじゃ、ユニクロなんてヤバいですよね？

保江　もちろん。だから僕は、絶対にユニクロ商品は身に着けません。ユニクロの創業者って、どうも好きになれません。あっ、この発言、ヤバかったらカットしてください。

佐久間　たしかに、以前ユニクロの綿シャツがアメリカの輸入差し止めを食らったことがありましたね。中国・新疆《しんきょう》ウイグル自治区の強制労働で縫製された疑いがあるとかで。

保江　ユニクロのバングラデシュ工場も問題になったでしょ。昔、アメリカの黒人奴隷が綿花栽培に酷使されたのと同じような労働環境なのでしょう。ユニクロの綿シャツは奴隷労働で生まれたものだと思う。かつての進駐軍が着ていた綿製の軍服だって、貧しい黒人をこき使って作らせたもの。

そもそもね、木綿はあんなに白くなりません。真っ白いシーツとか服とか、アジアの貧しい国の工場内で塩素を使って脱色しているわけ。本来の木綿って、生成《きなり》色。ナチュラルカラーだよね。でも、それじゃ流通しないから貧民街の子たちが動員されるわけ。毒性の強い塩素系の薬品を一日中使うから皮膚がただれ、呼吸器だってやられてしまう。下手すれば、中毒症状を起こして死に至ることだってある。

日本はもちろん、先進国のアパレル業界は、そうやって貧しい人々の犠牲の上に成立しているのです。だから、少なくとも日本人は麻でも綿でも、ナチュラルのままの衣服を着ないと、変なものを背負うことになる。生霊と同じです。生きている人の怨霊をわざわざお金を払って身に着けるようなもの。震災とか空襲で死んだ人なら、成仏していただければ問題ないのだけど、生霊はね、いちばん怖いのよ。だから、ヤクザや半グレの洋服屋なんて、絶対に行っちゃダメです。

佐久間　日本はバブルがはじけて以来、30年の長い不況にあります。デフレスパイラルに陥り、「低所得・低物価・低成長」がすっかり定着しています。ウクライナ戦争と円安の影響で物価はうなぎ登りですが……。日本人にとって、安かろう悪かろうの大量買いが、すっかり定着してしまいました。

保江　それがね、この国をダメにした元凶です。今年の春闘では久しぶりにサラリーマンの賃上げが期待できそうだから、これからは何でも正当な価格で売ればいいんですよ。すぐに安売りに走ろうとするからね。東京のスーパーでもお手軽価格の総菜には人がたくさん集まる。その結果、「安く買って大量に食う」羽目になり、ぶくぶく太る。最近、デブの日本人が多いでしょ。肉とポテトとハンバーガーとコカ・コーラで肥え太ったアメリカ人の生き写しに見えます。

佐久間　たしかに増えましたよね、そういう男性が。太った子どももよく見かけます。肥満児。最近のスーパーは、改装するたびに総菜売り場が広くなる傾向にありますね。みんな、家で手料理を作らなくなったから。カレーなんて、昔はルーのほうが多かったのに、いまやレトルト全盛期です。

保江　ぐうたら家庭に育った子どもは不幸ですよ。大人になって、自分が家庭を持ったときにレトルト、インスタントが当たり前になるから。朝昼晩の３食は、すべてレンジでチン。電子レンジだって、マイクロ波で栄養分のほとんどが破壊される。このままでは、日本はお先真っ暗です。白金商店街や戸越銀座のように、家庭料理を食べさせてくれる古い店が残っているのは、その土地が良い証拠だと思う。

列強5ヶ国の大使館はどれも一等地

保江　話は飛ぶけど、現在この国には150ヶ国以上の大使館があります。ちなみに、その半数以上が我が港区にあります。大使館をいくつか巡ってみましょうか。

佐久間　はい。トップバッターは、やはり千代田区一番町の英国大使館でしょう。皇居西側にある千鳥ヶ淵公園の向かい側に建っています。龍の出口にも近いのでは？

保江　そうですね。それに、一番町から六番町は、もともと江戸城の西側を警護する旗本大番衆の屋敷があった土地です。幕末の倒幕勢力、そして明治新政府との密接な関係を考えれば、イギリスが江戸城にいちばん近い一等地を与えられるのは当然でしょうね。都内にある在外公館では、イギリス大使館が最高の地に陣取っているでしょう。千鳥ヶ淵の桜並木も目の前だし。あの桜並木はもともと、日本語ペラペラのイギリス人外交官、アーネスト・サトウが植えた一本の桜から育ったものです。

佐久間　あのあたりは靖国神社や千鳥ヶ淵戦没者墓苑が近いですから、桜が満開の季節には英霊が迷い出てきてもおかしくないですね。

保江　昔、桜の木は人骨を吸い取って大きくなるといわれたものです。墓地に似合う木ですよね。年々増加する傾向にある樹木葬でも、桜葬が人気らしい。

先ほど言ったように、千鳥ヶ淵の一番町から四ッ谷駅近くの六番町までは、旗本大番の屋敷が立ち並んでいた地域です。明治に入ってからも徳川家ゆかりの土地であり続けたわけだから、心霊スポットというよりは、パワースポットが多いのじゃないかな。

佐久間　アメリカ大使館はいかがですか？　昭和天皇とマッカーサーが会見した場所です。

保江　霊南坂と榎坂《えのきざか》のあそこか……。赤坂の一角だけど、あんまり雰囲気が良くないよね。大使館は立派な建物だけど、どことなく高圧的な感じがする。ギリシャ神殿風の優美な英国大使館とはまったく違う印象です。でもね、あのあたりはＵＦＯがよく飛んでくるのです。とくに、虎ノ門一帯の上空は、都内でいちばん目撃者が多い。アメリカ大使館があるからかもしれない。

佐久間　そうなんですか。今度、虎ノ門に行ってみます。一生に一度はＵＦＯを見ないと。

保江　日本にあるアメリカの施設はどこも安全でしょうね。終戦のちょうど1年前、米軍はサイパン、テニアン、グアムを制圧したでしょ。これを機に、日本本土への長距離爆撃が本格化します。おそらく、そのずっと前から日本各地を詳細に描いた爆撃地図を用意していたはずですよ。いまでもその爆撃地図は有効でしょ。将来、もしもこの国が刃向かってきたときは、再び絨毯爆撃です。今度は無人攻撃機プレデターより、もっと進化した凄い兵器でしょうね。恐るべき「宗主国」。

佐久間　ロシアに亡命して国籍を取得した元ＣＩＡ職員のスノーデンが暴露しましたけど、もし日本がアメリカとの同盟関係を破った場合、日本の原子力発電・ダム・信号などのインフラ・システムを破壊するために仕込まれた不正プログラムが発動するらしいですよ。

保江　怖いですよ、アングロ・サクソンを怒らせると。絶対に喧嘩してはいけません。

佐久間　アメリカ大使館から飯倉方面に南下すると、ロシア大使館ですね。狸穴《まみあな》坂のあたりです。ソ連時代、「狸穴」は「ソ連大使館」を指す隠語でしたね。地名の由来を調べると、「まみ（猯）」はアナグマやタヌキのことで巣穴が多かったという説、「まみ（魔魅）」と呼ばれる、人間をたぶらかす魔物が棲んでいたとする説などがあります。

「幕末の剣聖」といわれた直心影流《じきしんかげ》13代宗家・男谷《おたに》精一郎の道場は、この狸穴にありました。勝海舟のいとこです。他流試合には一度も敗けたことがないほどの実力者でしたが、生涯一度も人を斬ったことがないと伝えられています。人間ができていたのでしょう。

保江　なるほど。剣の名人が近くにいては、タヌキも魔魅も恐れをなして逃げ出したことでしょう。他にドイツ大使館とフランス大使館が南麻布で、有栖川宮記念公園の南にありますね。この公園はもともと南部藩の下屋敷があったところで、明治になって有栖川宮の御用地になりました。幕末の江戸幕府は、米・露・英・仏・普（ドイツ）の列強諸国と通商条約を結んだわけだけど、これら5ヶ国のいまの大使館の立地場所を見ても千代田区と港区の最上級とされる土地ですよね。

スイカを拾ってくれた謎の女

保江　除霊に関して、少し話しましょう。陰陽師による除霊には「塩釜」「塩漬け」のように、災いをもたらす呪物を塩で包み込む方法がありますが、これが面倒であれば、さっきの北の丸公園のように、場所の力、気の流れが良い土地の力を借りるのが、いちばん手っ取り早い。

岡山であれば、鳥取県との県境にある蒜山《ひるぜん》や美作《みまさか》の大山が、除霊には絶好の地です。富士山みたいな存在ですね。

東京にはそういう山がない代わりに、高台がありますす。例えば、「城南五山」。東京の城南地区にある5ヶ所の高台のことで、島津山・池田山・御殿山・花房山・八ツ山の総称です。もともと大名屋敷が並んでいた場所で、地形的には武蔵野台地の東南端。

抜群の日当たりと風通しに加え、地盤が堅固で水害にも強いエリアです。JR目黒駅から品川駅にかけての山手線の内側のトライアングル地帯に点在しています。いずれも高級住宅街であり、「下々の人間」が住める所ではございません。ですから、城南五山は散策コースとしてオススメですね。

池田山は、我が故郷・備前岡山藩の池田家の下屋敷があった場所で、いまの池田山公園。ここは富士山からの気が流れる龍脈の上にあたり、最近はパワースポットとして注目を浴びています。「スピロン」には絶好の場所です。上皇后・美智子さまの生家・正田家の跡地は「ねむの木の庭」として整備され、樹木や草花の50種類ほどが植えられています。

佐久間　トライアングルの頂点にあたる御殿山は、徳川家の御料地でしたね。東に東京湾を望む要害の地で、幕末のペリー来航後は、御殿山の土を掘り崩して品川砲台を築きました。ソニー創業の地でもあります。

保江　花房山も故郷と縁が深く、これも岡山藩士の花房義質《よしもと》がのちに子爵に叙せられ別邸を構えたことから命名されました。明治期の旧薩摩藩主の島津公爵の邸宅があった所で、雉子《きじ》神社、袖ヶ崎神社といった創建の古い神社が多いので、スピコン・コースになると思う。さっき「龍の休憩所」として紹介した御田八幡神社は、島津山に近接する小高い丘の上にあります。

佐久間　城南五山には含まれないけど、神谷町駅から近い愛宕山《あたごやま》は江戸期から桜の名所として親しまれてきましたね。標高26メートルは23区内では最も高いといわれます。現在は、ＮＨＫ放送博物館が建っていますが、前身は大正14年（１９２５）に開設された日本最初のラジオ放送局です。山頂には愛宕神社が建ち、鮮やかな朱色の鳥居をくぐると急な階段があり、「出世の石段」と呼ばれています。防火・防災、商売繁盛、縁結びにご利益があり、印刷・コンピューター関連の仕事に従事する参拝客が多いようです。「出世のパワースポット」といったところでしょう。

保江　今度はね、地域ではなくて鉄道路線をスピロン的観点から概観しましょう。僕のいちばんのオススメは東急電鉄かな。東横線を筆頭に、大井町線、池上線、田園都市線あたりは安心して乗れます。

佐久間　いちばんダークな路線はどれでしょうかね？

保江　そう来ると思いましたよ、佐久間先輩。ダーク路線のいち押しは、何といっても小田急線でしょう。あの通勤ラッシュ時の混雑はすさまじかったけど、最近はだいぶ解消されたらしいね。でも、小田急線って、相模大野を通るでしょ。

佐久間　相模大野駅なら通りますよ。小田急小田原線と江ノ島線が分岐する駅であり、小田原・箱根、湘南方面に足を延ばしやすく結構人気のある駅ですね。駅前は商業施設が充実しクリニックから大きな病院までそろっているので、シニアには人気があるようです。令和4年の「本当に住みやすい街大賞　シニアランキング」では3位にランクしました。僕も相模大野駅がある相模原市の住人です。あの辺は、たまに足を運びますよ。相模大野って、ヤバいんですか？

保江　シニアならまあいいか、僕もシニア世代だしね。「東京スピロン」の対象外になってしまうのだけど……。

佐久間　もしかして、戦前、相模大野にあった陸軍病院がらみの話ですか？　実は以前調べたことがあるのですが、相模原市って戦前は軍都だったのです。昭和12年（1937）年に陸軍士官学校の本科が移転してきて以来、相模陸軍造兵廠《しょう》、陸軍兵器学校、陸軍通信学校、相模原陸軍病院などの軍事施設が続々と出現しました。相模原陸軍病院は相模大野駅の北口に建っていました。

保江　それって、もしかしたら北口駅前にいま建設中のタワーマンションのあたり？

佐久間　そうですよ。あのタワーマンションは5年前に閉店した伊勢丹相模原店の跡地に建つ予定です。竣工は来年かな。それ以前は相模原陸軍病院でした。終戦後はそのまま米軍に接収され、米陸軍医療センターになりました。建設中のタワマン、相模大野立体駐車場、相模大野中央公園、ロビーファイブ一帯の広大なエリアですよ。当時は病棟以外に、ボーリング場やクラブハウス、ヘリポート、ダンスホールまであったそうです。

保江　やっぱりそうか。あのね、ベトナム戦争当時、その米陸軍医療センターには米軍の横田基地や立川基地から重篤《じゅうとく》な傷病兵が毎日のようにヘリで運ばれてきたわけ。もちろん、戦死した兵士の遺体もたくさんありました。遺体といったって、地雷や砲弾でバラバラになった肉片みたいなものですよ。それでも遺体袋に入れて持ち帰るしかないわけです。

アメリカは、いまでこそ火葬が普及しているけど、ベトナム戦争の頃は土葬がほとんど。だから、遺体袋のまま本国に送り返し、そのあと肉片をつなぎ合わせて故人の「形」を整えるしかなかったわけ。そうしないと、葬儀も営めない。その作業にアメリカの医学部の学生が総動員されたらしい。

佐久間　なるほど。米陸軍医療センターが日本に返還されたのは40年以上前ですが、その後は廃墟化して何年も放置されたそうです。そういえば、陸軍病院の跡地に幽霊がよく出たと聞いたことがありますが、その頃の話かもしれませんね。もしかしたら、太平洋戦争とベトナム戦争の死者の霊が浮かばれずに漂っていたのかな。

ところで、8年ほど前、私鉄を含めた全国346路線を対象に10年間（2005〜2014年度）の鉄道自殺数ランキングが初公開され話題になりました。1位はどの路線だと思いますか？

保江　小田急線？

佐久間　ブーっ！　中央線です。3位が東上線、小田急線は13位で、15位・16位が西武新宿線と西武池袋線。東横線は34位でした。ちなみに、同じ10年間で鉄道自殺が多発した都内の駅は、多い順に西八王子駅、新小岩駅、新宿駅、八王子駅です。このうちの3駅（西八王子・新宿・八王子）は中央線の駅ですね。事故か自殺か明確でない部分もありますが……。その後は新しいデータが公表されていないし、各路線のホームドアの設置率も年々上がっているはずなので、首都圏の鉄道自殺者は減っているのかもしれません。

保江　やっぱりそうか。僕は昔から中央線が好きじゃなかった。中央線の自殺者が多い原因の一つに、車両の色が指摘されたことがありますよね。

佐久間　いまの車両からは想像もつかない、全身オレンジの201系でしょ。懐かしいなあ。僕にとっては、昔の中央線のほうが馴染《なじ》みがあるんです。自殺願望者はホームの端で猛スピードで向かってくる燃えるようなオレンジ色の車両を見つめているうちに、赤き血潮を思い浮かべたのでしょうか。あるいは、自分の血で車両を汚しても、あの色ならばあまり目立たないとでも考えたのか……。自殺者のお陰で、中央線は「あの世とこの世の架け橋」路線なんて不名誉なニックネームを付けられたこともあります。

でも、沿線にずっと暮らしている人間は、通勤・通学の足として「あの世とこの世の架け橋」電車を利用するしかありませんよね。そんなときには、どうすればいいのですか？

保江　スピロンです。ロンダリングするしかありません。いつも徳を積むことを心がければいいの。徳を積むことがスピリチュアル・ロンダリングにつながるから。電車やバスでお年寄りに席を譲っても、一つ徳を積んだことになる。寺社や慰霊碑の前で手を合わせることも同じ。「龍の通り道」である日比谷通りを歩くことだって、徳を積んだことになります。

佐久間　以前、横浜駅の構内でＳｕｉｃａ（スイカ）を落としたことがありました。気づかずにすたすた歩いていたんです。すると、後ろから「あの～」と肩を叩かれました。振り返ると、はっとするような美しい女性が立っているではありませんか。一瞬、逆ナンパかと心がときめきましたが、「これ、落としませんでした？」と、僕のスイカを差し出してくれたのです。その美人は10メートルくらい僕を追いかけてくれたんですよ。そのあと、乗り換えるつもりだった京急の乗り場近くまで一緒に歩いてくれたのです。謎の美女でしたね。

保江　徳のある女性じゃん。佐久間さんに一目ぼれしたんじゃない？　それで、それっきり？

佐久間　それっきりですけど……。

保江　あのね、映画や小説の世界ならそこから甘いロマンスが生まれるわけですよ。それを真似しなきゃ。電話番号くらい聞かないとダメじゃん。ましてや、10メートルも追いかけて拾得物を渡してくれた相手でしょ。その女性は、内面の徳がにじみ出ているから美しいのよ。いやあ先輩、でっかい落とし物しちゃいましたね（笑）。

佐久間　それじゃあ、今度もう一度スイカを落としてみます……（笑）。

保江　先日ね、石巻の除霊の帰りに仙石線に乗ったの。お祓いもしてもらえたし、ほのぼのした気分でした。するとね、向かい側の座席が一つ空いて、そこに女子中学生がちょこんと座ったの。小柄な地味な子でした。途中駅から幼子2人を連れた夫婦が乗ってきたとき、その女の子がね、ぱっと立ち上がって席を譲ったのです。

そのさりげない仕草を見て「いい子やなあ」って、不覚にも涙が出そうになった。

だんだん、その子が可愛く見えてきてね。仙台駅で下車して、込み合う階段の下でキョロキョロしていたら、その女の子がふっと脇から現れたから、僕はすぐに「どうぞ」と先に行かせてあげました。そうしたら、ぴょこんと頭を下げてね。この仕草がまた可愛くてね。徳を積んでいるとね、何かしら良いことがあるものですよ。

クローゼットで首を吊った女性の後悔

保江　怨霊もね、徳を積んでいる女性には悪さはしません。とくに、東京は至る所で、霊が彷徨っているでしょ。自分が借りているマンションやアパートの一室が事故物件だとあとで分かっても、あるいは実家の地下に不幸な死を遂げた人の骨がいっぱい埋まっていても防ぎようがないでしょ。所詮、自己防衛は無理なのです。

だからこそ、佐久間さんのスイカを拾ってくれた女性のように、いつも陰徳を積む。それが習慣になれば、たとえ事故物件に遭遇しても護ってくれます。これもスピロンの別バージョン。驚くかもしれないけど、浮遊霊や地縛霊が命を助けてくれるケースだってあるんですよ。

佐久間　へえ〜、それは初耳です。

保江　19年前、兵庫県の尼崎でJR福知山線が脱線事故を起こし、乗客１００人以上が亡くなる大惨事となったでしょ。

佐久間　戦後の鉄道事故では4番目に死者が多かった大事故でしたね。カーブを曲がり切れず、線路脇のマンションに車両が激突してくの字に潰れた写真をよく覚えています。

保江　事故は福知山線の塚口駅と尼崎駅の間で起きたのだけど、一つ手前の駅のホームであの電車を待っていた女子高生がいました。友達数人も一緒。あの日、その子がいつもの電車に乗り込もうとしたところ、後ろ襟を突然ぐいと引っ張られたの。「何すんねん！」と振り返ると、見知らぬ老女が凄い力で襟をつかんでいます。「そんなことしたら、乗れないやんけ！」と猛抗議したところ、「この電車に乗ってはいけない」。そこには、老婆の鬼気迫る顔があったのです。

先に乗った友人たちは、閉まったドアの向こうで手を振って何やら叫んでいます。

怒った女子高生がもう一度後ろを見ると、老女の姿は跡形もなく消えていたの。仕方ないから、次の電車を待っていたところ、ホームで事故のアナウンスが流れたのです。その子の命が助かったのは、おばあさんの姿をした権現様のお陰。結果的に、その電車に乗った友人たちは大事故に巻き込まれてしまった……。

佐久間　凄い話ですね。

保江　隣駅で起こった大事故に駆けつけたニュース番組のテレビクルーがたまたま、その子にインタビューしたのです。普通の女子高生というよりは、少し問題を抱えた子に見えました。

「その電車に乗ろうとしたところ、後ろから会ったこともないおばあちゃんに襟を引っ張られて助かりました。あれがなければ、私は今頃死んでいたかもしれません」と、女子高生が答える映像が流れたのです。

佐久間　仮にその子がヤンキー女子だったとしても、あの事故を機にきっと見違えるほど立派になったでしょうね。でも、権現様は助ける・助けないの基準をどこに置くのかな？

保江　それは秘密です。というか、僕にも分かりません。東京にも似たような話はたくさんありますよ。さて、事故物件の話にまた戻るけど、知り合いの外国人が、たまたま新宿の事故物件を借りたのです。相場より賃料がずっと安いから。事故物件だからなんて言われても、よく理解できないしね。

そこはね、ウォークインクローゼット付きのきれいな部屋。「ラッキー！」と、その外国人は衣服を早速クローゼットにぶら下げました。ところがね、仕事から戻ると、クローゼットのドアが、なぜか開いているんだって。仕事に出かける前には、いつも閉めるのに。

佐久間　何やら不吉な予感……。

保江　毎朝閉めて出かけるクローゼットが、帰宅するといつも開いているという怪奇現象。ある朝なんか、閉めたあと扉にくっつけるようにペットボトルを置いて出かけたのだけど、結果は同じ。そのうちに慣れっこになって、ガイジンさんは大して気にもせずに暮らしていたのです。

ところがある日、飼い猫が開け放たれたクローゼットをじっと見つめているのに気がついたわけ。猫は霊が見えるからね。20年くらい前のオカルト・アクション映画『コンスタンティン』で、キアヌ・リーブス演じるオカルト探偵が猫を抱いて霊界に入るシーンがあるんだけど、猫は霊力の強い生き物として描かれています。

その外国人はその日に限って感度が鋭かったのか、クローゼットの中に女性の霊がいるのが見えたのです。不思議なことに、霊が発する日本語まで分かった。

佐久間　ガイジンにお化けが語りかけたわけですね。

保江　そうです。どうやら、クローゼットの中で首を吊ったらしいのね。ベルトかなんかを使って。その女性によると、最初は死ぬつもりはなかったの。仕事上の失敗でくさくさしていたので、美味しい日本酒をクローゼットに持ち込んでコップでぐびぐびやっていたんですね。きっと若いＯＬだったのでしょう。

そのうちに酔っぱらって、「いっそ死んでやれ！」と衝動的にベルトを首にかけたのが真相らしい。死んでから後悔したのだと思う。ホントは死ぬつもりなんかなかったのに、お酒のせいで取り返しのつかない事態を招いてしまった……ということを新しい入居者に知らせるためにクローゼットをいつも開けていたんだって。

賃貸契約を結んだ不動産業者を呼んで確認したところ、自殺者が出た部屋であることを認めたそうです。これが周囲に知れ渡ると、女性の霊はもう出なくなったらしい。

佐久間　なるほど。その霊は、同じような境遇にある女性たちに向かって自分の失敗を教訓にしてほしい、と毎日叫び続けていたのでしょうね。

保江　東京には、そういう場所が多いでしょ。女性の独り暮らしは危ないよね。いま流行りのルームシェアみたいに誰かと住むのが安全。家賃の負担も軽くなるしね。

佐久間　女性に限らず、男性もそうですよね。

保江　野郎なんて、どうでもいいよ。苦労させりゃいいんだ。

佐久間　そっ、そんな……。

古い刀剣には気安く手を出すな

保江　佐久間先輩、『東京スピリチュアル・ロンダリング』の評判が良ければ、今度は『京都スピリチュアル・ロンダリング』の対談をやりましょうよ。桓武天皇が京に遷都して平安京と命名してから１２００年以上の歳月が流れました。それに比べると、家康が江戸入府してから、たかだか４００年余り。京都と東京では歴史の厚みがまったく違います。

佐久間　いいですね。僕も京都の裏歴史には興味があります。

保江　戦乱、疫病、飢饉、殺戮、謀殺、呪殺と、京都の地下はもうドロドロの人骨だらけ。刀痕や矢じりの痕が残る骨が出るなんてことは日常茶飯事。鎌倉も生々しい傷痕が残る人骨が出土する場所だけど、京都の比ではないでしょう。

「歴女」も、どんどん増えているしね。以前は歴史好きの女性というと、地味で引っ込み思案の印象があったけど、いまどきの歴女はとても行動的です。文献で歴史を勉強するだけでは飽き足らず、現地の史跡などに足を運びます。好きな武将を思い浮かべながらフィールドワークするんですよ。たくましき歴女なら、暗くて陰惨な歴史でも身を乗り出してくるはずです。

歴女の中でも「刀剣乱舞」ゲームに熱中するような子は、「刀剣女子」と呼ぶらしい。ただね、刀剣博物館や東京国立博物館で刀をゆっくり鑑賞する分にはいいのだけど、歴女が刀剣の収集に手を伸ばすのは良くない。例えば、大枚をはたいて古い刀剣を手に入れて居間に飾るなんてことはしないほうがいいと思う。

佐久間　たしかにそうですね。明治の廃刀令以降に鍛えられた現代刀はまだいいとして、古い刀はいろんな人間の生き血を吸っていますから。「刀剣ワールド」は刀剣のすべてを知るにはオススメの刀剣専門サイトですが、日本刀に魅了された女性たちが刀剣を語り合う「刀剣女子座談会」をのぞくと、彼女たちの熱烈なる刀剣愛が伝わってきます。

保江　刀剣に限らず、いまの日本は男性よりも女性のほうが活発ですよね。ところで、居合の遣い手に町井勲という名人がいるんだけど、知ってる？

佐久間　「令和のサムライ」の異名をとる遣い手ですよね。新しい流派を立ち上げた人で居合界の異端児のような存在だけど、実力はあるみたい。時速８００キロ以上で飛んでくるテニスボールや６ミリＢＢ弾の居合斬り、千本斬りなど６個のギネス世界記録を保持しています。

保江　まさに凄腕なのです。超音速で飛んでくるピンポン玉を斬るのを見たときには、度肝を抜かれました。ここまで来ると、動体視力なんて関係ない。五感を超越した究極の感覚がなせる業だと思う。

この御仁は、おじいさんやお父さんの影響で、少年の頃から日本刀に親しんできたそうです。本業が刀剣商&研師《とぎし》だから、いろんな刀剣を扱ってきたわけ。

実はね、僕が所有する刀を研いでもらおうと訪ねた研師が町井さんだったの。雑誌や映像で印象に残っていただけに、この奇遇には驚きました。研ぎをお願いするついでに興味深い話を聞かせてもらったのだけど、彼くらいのレベルになるとそれぞれの刀の素性みたいなものが何となく分かってくるらしい。人を大勢斬ってきた刀とか、一人も殺《あや》めていない刀とか……。

佐久間　研師は大変な仕事だと思います。例えば、刃こぼれした日本刀を研ぐにしても、その部分だけ研げばいいというものではなく、刀身全体を研いでバランスを整えなければなりません。

それに加え、研師は刀匠が精魂込めて鍛えた刀に命を吹き込むという重要な役目を担っています。研ぐことで刃が鋭利になるだけではなく、刃紋や地鉄《じがね》が美しく浮き上がるわけですから、もはや芸術家といっていいと思います。それだけに、一振の刀がどんな人間に仕え、どんな血を吸ってきたのかみたいなことが見えるのかもしれません。

保江　それでね、町井さんの元に集まってくる刀は、ほぼ人を殺していないらしい。実は、刀よりも槍《やり》のほうが怖いんだって。研ぎを依頼される槍はほぼ人を殺しています、と槍にまつわる不思議な体験談を聞かせてくれました。

ある夏の日、町井氏の所に戦国時代の槍が持ち込まれたの。研ぐのは明日にしようと、作業場を兼ねる自宅にこれを置いて就寝したところ、その晩、美しいお姫様が現れ、寝床に仰臥《ぎょうが》している町井さんの上に覆いかぶさったそうです。彼は天にも昇るほどの恍惚感を体験し、翌朝目覚めました。起きぬけの姿を見た妹さんがビックリ仰天。

「お兄ちゃん、どうしたの？　げっそり痩《や》せちゃって」

鏡を見た町井氏も、たった一晩で頬のこけた自分の顔に驚いたわけ。しかし、「昨晩、オレは天女と一緒に寝たんだ」とも言えずに、その場はごまかしたそうです。とところが、お姫様は翌晩再び現れました。姫と思う存分むつみ合った町井氏は、精気をすっかり吸い取られてしまったのです。

佐久間 相手をお化けだと知らずに夜な夜な親しみ合っているうちに精魂を抜き取られるのって、怪談でもよく見かけるパターンですね。

保江 「お兄ちゃん、いったいどうしたのよ?」と追及する妹に真相を打ち明けると、「それは悪い霊の仕業よ。今夜は私がそばで見張るから」と誠に頼もしい限り。実は、町井家の人々はカトリックの信者であり、妹さんは聖水を用意してくれたのです。

さて、決死の覚悟で臨んだ兄妹に夜が訪れました。お兄ちゃんのほうは、目をパッチリ開けて気を張っていたところ、お姫様がぼうっと現れました。寄り添う妹を見ると、ぐっすり寝入っているではありませんか。「起きろ! 来たぞ」と叫ぶと、妹さんは跳ね起きると同時に、聖水を激しく振りかけたのです。お姫様は「ぎゃあっ!」と凄まじい悲鳴を残して消え失せ、二度と町井氏の枕頭には姿を見せなかったとさ。

「この槍に刺殺されたお姫様かもしれません。もし、3夜連続でお姫様にもてあそばれていたら、僕はきっと死んでいたでしょう」

呪いの槍は除霊して、きれいに研いでから持ち主に返却したそうです。刀剣のプロでさえ、こんな怖い体験をするのだから、ご素人衆は人を殺めた刃《やいば》に気安く手を出してはいけません。女性が手に入れやすい短刀だって、安心してはいられませんよ。昔から日本には「守り刀」の風習があるでしょ。骨董美術としての価値がある守り刀といわれても、人の命を奪った可能性もあります。新しい短刀でも、ヤクザの出入りで使用されたものかもしれない。いちばん良いのは、石巻の宮司さんのようなプロにお祓いしてもらうこと。これも、スピリチュアル・ロンダリングの一環です。

佐久間　保江先生の読者の中にも刀剣女子がいるかもしれないし、知っておいて損はないと思います。

保江　それじゃあ、余談としてもう少し刀の話をしましょう。平安末期から鎌倉初期にかけて鍛えられた古刀は日本刀の最高峰といわれるのだけど、残念ながらその作刀技術は失われ、鎌倉古刀は江戸期以降の刀工にとって幻の名刀であり続けたのです。何年か前、現代の刀工が偶然に鎌倉古刀を再現したらしいけど……。

「折れず・曲がらず・よく斬れる」が日本刀の真骨頂なのだけど、鎌倉古刀は刀身に発生する振動数が飛びぬけて多い。つまり、振幅が小さいから振動がそれだけ速くなる。もともと日本刀は竹刀や木刀と違い、刃が相手の身体に触れさえすれば、皮膚を斬り裂くことができるでしょ。相手を斬るのに力なんか必要ありません。刀の重みだけで十分。例えば、日本刀の切っ先から物打ちの部分が相手の頸動脈に軽く当たれば、それで一巻の終わりです。時代劇みたいに首筋から血がびゅっと噴き上げて絶命します。

超高速振動を生み出す鎌倉古刀になるとその威力が増幅されるから、刃が首筋にわずかに触れただけでスパッと斬れちゃう。指でも同じですよ。ちょんと当てただけで簡単に斬り落とせます。どの流派かは忘れたけど、柄《つか》を握る相手の親指だけを狙う剣法もあるのです。親指をやられてしまえば、もう刀を持つこともできないでしょ。幕末の斬り合いの場には親指がたくさん落ちていた、なんて記述を何かで読んだことがあります。

佐久間　波動砲ならぬ波動刀ですね。現代の刀工が鎌倉古刀を鍛えるのに成功したといっても、その波動まで再現できたのかな……。波動刀であれば、いまの剣道みたいに「コテ〜っ!!」なんて威勢よく飛び込む必要なんかない。相手にす〜っと近づいて、ふわっと親指の付け根に切っ先を当てればいい。

平安時代の刀工・三条宗近が鍛えた太刀で「天下五剣」の一振に数えられる三日月《みかづき》宗近《むねちか》を東博で見たことがありますが、細身で反りの曲線が美しく、実に優美な姿でした。どちらかというと、華奢《きゃしゃ》な印象を受けたことを覚えています。

保江　本物はね、意外に細くて華奢なのです。人間を斬るのに最も適した姿形ということ。宮本武蔵の二天一流で使う太刀も信じられないくらい細いですよ。これ、ホントは秘伝だから公開できないのだけど……二刀のうち小刀はね、大刀の振動を生み出すために使うのです。

佐久間　音叉《おんさ》みたいですね。

保江　そうそう、まさに音叉の原理。大刀と小刀を激しく打ち合わせ、ブルブル震える大刀で斬る。とくに多勢を相手に戦うときは、振動する大刀で太い動脈が走っている部位をひゅっと斬ればいい。実戦では、一人一人に時間なんかかけていられません。すぐに息が切れてしまうから。武蔵が吉岡一門を相手に血路を開いたのも、波動刀のお陰。武蔵は鎌倉古刀が生み出す振動の凄さに気づいていたのでしょうね。

エジソンと同時代に生きた天才発明家ニコラ・テスラが考案した「テスラコイル」も、放電によって電気振動を発生させ共振、進行波とからみ合って高周波・高電圧を生み出す装置でしょ。「宇宙の秘密を知るには、振動・エネルギー・周波数の3つの観点から考えなさい」なんて言葉を残すほど、テスラも振動に注目していたのです。

皇居は日本最強のパワースポット

佐久間　数々のダークサイドを目撃してきた僕のような人間が、最後に頼りたいパワースポットはやっぱり皇居です。都内における最大・最高のパワースポット。家康の入府から400年以上にわたってこの国の「最高権力者」を護ってきた土地だけに、いかなる邪鬼・怨霊・物の怪《け》もはねつけるパワーを秘めていると思います。江戸城時代の自然が手つかずのまま残っているのも大きな魅力ですね。
残念ながら、一部の区域を除いて一般人は皇居内に立ち入ることはできませんが、周りを散策するだけでもパワーをもらえると思います。皇居前の大芝生広場にはクロマツが2000本も植わっているのですが、太極拳や気功の愛好者がこの広場で練習すると、「ごちそうさまでした！」と、清澄な気をもたらしてくれた松林にお礼するそうです。皇居は『東京スピリチュアル・ロンダリング』の締めにふさわしい最強パワースポットだと思います。

保江　そのとおり。皇居周辺は深夜でも警官が見回っているし、東京でいちばん安全な場所といえそうですね。幕末の「桜田門外の変」で井伊直弼が暗殺され、降り積もった雪を鮮血で染めたけど、場所が場所だけにすぐに浄化されたのかな。それでは佐久間先輩、スピロン的観点から皇居を案内してくださいませ。

佐久間　僕のお気に入りスポットは、皇居東御苑にある天守台です。東西41メートル、南北45メートル、高さ11メートルの石積みが残っているだけですが、かつてはその上に5層の天守閣がそびえていました。ちょうど国会議事堂と同じくらいの高さだとか。

この天守台は、どことなく北京の天壇に似ているのです。中国の歴代皇帝が天を祀る儀礼を行った壇ですね。いわば皇帝のパワースポットです。皇居の天守台にも天と地のエネルギーが集まっているような気がします。天守台の前に立つと、なんとなく力が湧いてきます。皇居そのものが龍脈の上にあり地下には富士山と秩父山系のエネルギーが流れ込んでいるといわれていますが、この天守台も龍穴の一つなのでしょう。同じ東御苑の一角に、清水がこんこんと湧き出ている井戸らしきものがあるのですが、ここも龍穴だと思います。

保江　なるほど。皇居は、都内でいちばん天の気と地の気が集まる場所なのですね。僕が思うに、秀吉の策略によって関八州へ追いやられた家康が江戸に幕府を開いたのは、富士山に執着したからです。家康は6歳で今川義元の人質として駿府（静岡）に閉じ込められ、10年以上過ごしたでしょ。その間、霊峰富士を毎日眺めて、囚《とら》われの身となった自らを慰めていたのだと思う。源頼朝の鎌倉や後北条氏の小田原からも富士山は見えるし、家臣の大半は小田原か鎌倉に幕府を置くべきだと主張したけど、家康は反対を押し切って未開の地である江戸に定めた。「富士山」は「不死山」、「富士見」は「不死身」に通じる認識も、家康は持っていたと思う。

富士山は古くから修験道の霊場として知られていて、修験道には陰陽道との共通点が多いんです。さらに、陰陽道は密教、神道、道教との結びつきも深いのです。家康の宗教的指導者だった南光坊天海は天台密教を修めた人でしょ。この僧侶も陰陽道に通じていたと見るべきですね。ということは、家康は陰陽道を活用し、それを秀忠や家光が受け継いで江戸を発展させたといえる。
ついでに言うと、浄土宗の信者でもあった家康は、「厭離穢土《おんりえど》」「欣求浄土《ごんぐじょうど》」を旗印に掲げていました。「穢土」とは、「穢《けが》れた地」「不浄の地」のこと。「江戸」が「穢土」に通じる不吉に、家康が気づかなかったはずがない。あえて江戸の地名を変えなかった家康には、強い信念を感じます。「必ずや、この穢土を浄土にしてみせようぞ」と、「江戸スピロン」に情熱を燃やしたのでしょう。

佐久間　たしかに、江戸は陰陽五行説の四神相応にぴたりと当てはまる地形です。東の青龍《せいりゅう》が宿る流水が平川、西の白虎《びゃっこ》が宿る大道が東海道、南の朱雀《すざく》が宿る窪地が江戸湾、北の玄武《げんぶ》が宿る丘陵が男体山。そして、江戸の核心である江戸城、すなわちいまの皇居は本丸台地の上に建っています。

保江　その本丸台地はね、それを囲む7つの台地（上野台地・本郷台地・小石川台地・牛込台地・麹町台地・麻布台地・白金台地）のてっぺんの延長線が交わる位置にあります。陰陽道ではこういう地形を「交差明堂形《めいどうけい》」と呼び、その中心は地の気が満ちあふれ、文明が開化すると伝えられているのです。たぶん、平安京を手本にしたのだと思います。

佐久間　そうですね。江戸城の鬼門に東叡山寛永寺を建てたのは、平安京の鬼門に位置する比叡山に延暦寺を建立したのを真似たのでしょう。「東叡山」は「東の比叡山」のこと。寛永寺は家康の死から9年後に完成したので、天海が計画したのだと思います。

　のちには、寛永寺と江戸城の間に神田神社（神田明神）を移したわけですが、江戸城の鬼門封じには、陰陽道・仏教・神道の霊力が合わさったことになりますね。天海が１０８歳で没したのは寛永20年（１６４３）、家康の死の27年後です。家康・秀忠・家光の3代に仕えた超人ですからね、天海なくして江戸の発展はなかったかもしれません。

保江　天海が張り巡らした江戸の結界が、明治維新によって破られたというわけか……。ところで、大手門の少し北、大手濠端には僕の故郷が生んだ偉人・和気清麻呂《わけのきよまろ》の立派な像が立っているのだけど、「えっ、こんな所にどうして清麻呂が？」と常々不思議に思っていました。

佐久間　和気清麻呂像から内堀通りを３００メートルほど南下し最初の交差点を左折すると将門塚があります。そこからまた内堀通りに戻って南へ７００メートルほど走ると左手が楠木正成像です。地図で見ると分かるのですが、皇居東側のライン上に和気清麻呂像、将門塚、楠木正成像が並んでいるのです。つまり、荒ぶる神となった将門を間に挟み、江戸城の大手門がある縦のラインを固めて魔物の侵入を防ぐという強い意志の表れであるように、僕には見えるわけです。

保江　なるほど！　点から線への「パワーライン」とする佐久間説。いやあ、この新説には、和気陰陽師の末裔である僕も感服いたしました。

今上天皇は祝之神事を経験されているだけに、明治大帝以来の霊力を具えた方です。即位されてから後光が差しているように見えます。霊的に言えば、この国にとってはいまの首相よりも重要な方なので、皇居をしっかり護っていただきたいものですね。

佐久間　皇居東ラインの防御を思いついた人間は、和気清麻呂と楠木正成が文武を代表する忠臣だと考えたのでしょう。清麻呂は道鏡の即位を阻止し桓武天皇の側近として活躍した「文」の忠臣、楠木正成は後醍醐天皇の建武政権樹立に貢献した「武」の忠臣というわけです。

保江　なるほど。文武の2忠臣と血筋のいい叛逆者である将門で鉄壁の防御ラインを敷いたわけだ。

佐久間　ただし、像の建立時期はそれぞれ違いますよ。清麻呂像は昭和15年の紀元2600年記念事業の一環として建立され、正成像は明治33年（1900）、高村光雲らの手によって完成しました。清麻呂像の「建設委員長」は林銑十郎。首相経験者の陸軍大将です。満州事変勃発のときに朝鮮から兵を無断で派遣し〝越境将軍〟と呼ばれた人物ですね。

先ほど増上寺の話が出ましたが、徳川家の菩提寺であるこの寺は江戸城の裏鬼門にあたります。ここには2代将軍・秀忠、6代・家宣、7代・家継、9代・家重、12代・家慶、14代・家茂が埋葬されています。一方、鬼門に位置する寛永寺には4代・

家綱、5代・綱吉、8代・吉宗、10代・家治、11代・家斉、13代・家定が眠っています。つまり、12人の将軍が6人1組となり、江戸城の鬼門と裏鬼門をそれぞれ守護しているわけです。

もっと言えば、浅草寺も鬼門の方角にあたり、プルデンシャルタワーのそばにある日枝神社も裏鬼門の方角に位置します。面白いのは、浅草寺と日枝神社を結んだ線、寛永寺と増上寺を結んだ線の2本の直線が交わる位置にあるのが将軍の居城である江戸城本丸、すなわちいまの皇居東御苑なのです。

保江　凄いね。皇居が日本最強のパワースポットと呼ばれるゆえんがよく分かりました。皇居の空は、とにかく広いからね。グーグルマップで俯瞰《ふかん》するとよく分かるのだけど、高層ビル群はすべてお濠の外側だから、圧迫感がまったくない。

佐久間　我々はスマホ・携帯、Ｗｉ－Ｆｉ、テレビなどのいろんな電波に取り囲まれているので、体内に電気を溜め込みながら暮らしているようなものです。その点、皇居は電波の悪影響とは無縁でしょうね。僕は山歩きが好きで、山頂にいると身体から電気が解き放たれるような感覚を味わいます。心身がリラックスできる理由だと思うんです。

保江　放電効果だ。現代人には、身体の電気を解き放つパワースポットも重要ですね。

佐久間　人体のエネルギー、つまり「気」はトーラス状に循環していると考えられます。「トーラス」は円環面とか輪環面といった意味ですが、要するにドーナツです。このドーナツが無数に組み合わさってリンゴの形になったのがトーラス構造。我々の人体はこのトーラス構造の中軸のようなものです。リンゴの芯が人体であるとイメージするといいかもしれません。

保江　なるほど、なんだか宇宙の構造にも通じるようです。

佐久間　百会《ひゃくえ》という頭頂部のツボから放たれた「気」はトーラス状に巡って、会陰《えいん》と呼ばれる肛門のそばのツボから再び体内に入っていく。これが「気」の循環です。都内で気軽に行ける場所として、皇居は「気」の流れを非常にスムーズにしてくれる理想的なスポットだと思います。

ところで、僕と同い年の今上天皇は御年64歳。これからのご活躍が楽しみですね。ご息女の愛子さまは今春、学習院大学を卒業され社会人の仲間入りを果たされました。

保江　愛子さまは気品と知性にあふれる方だけに、将来「日本のエリザベス女王」になる素質は十分にあると思います。世論調査では、「愛子さまを次期天皇に」と望む人は9割以上にのぼるそうです。愛子さまに対する期待と関心は、徐々に高まっていくことでしょう。スピリチュアル・ロンダリングを実践する絶好のスポットとしての皇居を訪れる日本人がどんどん増えれば、日本の未来もきっと明るくなると思います。

繰り返しになるけど、日頃から「徳を積む」「善行を施す」を実践しておけば、神様は護ってくれます。まずは、この本をじっくり読んでからパワースポットを巡って、スピリチュアル・ロンダリングを実感していただきたいと思います。運が良ければ、佐久間先輩のような「歩くパワースポット」に巡り会うこともあるでしょう。

佐久間　禍福はあざなえる縄の如し。人生100年時代ですから、いろんな出会いが生まれるはずです。若い人は失敗を恐れず、いろんなことにチャレンジしてほしいと思います。

この清々しさをあなたに――あとがきに代えて

早いもので、僕の著作はかれこれ１００冊を超えた。世に問い続けてきた数々の著作のなかでも、本書『東京スピリチュアル・ロンダリング』には格別の思いを抱いている。こうして、いままでにないほどスッキリとした気分であとがきを書き進められたのは、東京の裏歴史の研究家で大東流の遣い手でもある佐久間公二先輩との対談で実現した初めての共著であるからだ。

若き頃の僕は、大東流合気武術の名人・佐川幸義宗範の神技に魅了され佐川道場に入門した。スイスの学究生活を終えて帰国するや、僕は道場に通いやすい職場を選び身も心も稽古に捧げた。思い起こせば、力の世界を超越した佐川宗範の合気之術に心を奪われつづけたあの日々こそが、僕の青春時代であった。

佐久間先輩は、僕より一足先に佐川道場に入門した同門である。僕の身体が一癖も二癖もありそうな兄弟子たちの力技に悲鳴を上げるなか、佐久間先輩は新参者を痛めつけることなく懇切丁寧に指導してくれた。26年前、佐川先生が逝去されたあとも、佐久間さんとの交流は続いた。優しさの権化の如き佐久間先輩が対談相手だったからこそ、清々しさに満ちあふれたエンディングで本書を締めくくることができたと思う。

『東京スピリチュアル・ロンダリング』は、これまで僕が上梓してきた著書のどれよりも、読者の皆さんの心を揺り動かすことができると自負している。とくに、入学や就職、結婚でこれから東京に出て人生を開花させようと、がむしゃらに勉強したり働いたりしようとするうら若き女性たちに役立てていただける内容に仕上がったと思う。

念願がかない、東京という果てなき大海に漕ぎだしたとしても、長い航海を順風満帆に終える船は一隻たりとも存在しない。遅かれ早かれ、どの船も例外なく逆巻く激浪に遭遇することになる。中には、襲いかかる荒波に呑み込まれ、そのまま海の藻屑《もくず》になる船も多い。失恋、職場の人間関係、仕事や家庭の問題、はたまた降って湧いたような霊的障害と、人はさまざまな困難に右往左往しながら、成長するのである。なんといっても、僕らが住むこの首都は、魑魅魍魎《ちみもうりょう》がうごめく現代の迷宮都市Ｔｏｋｉｏ東京なのだ。時には、悪の陥穽《かんせい》にはまり深い悲しみに打ちひしがれることがあるかもしれない。相談相手すら存在せず、部屋の片隅で孤独の影におびえる日々を送ることもあろう。そんなときにこそ、本書を守り刀のように肌身離さず持っていてほしい。

光と影が交錯するこの大都市が、さまざまな魅力にあふれているのは間違いない。でも、至る所に罠が仕掛けられていることも知っておいたほうがいい。大都会の空間には、善人と悪人が等分にひしめき合っていると捉えるのも一つの予防策になるはずだ。

この世の中でどうやって自分自身を守り抜き、同時に他者に優しく接しながら生きていくことができるのか……。本書には、水面下に隠れる暗礁をうまくかわしながら人生航路を進むためのヒントが満載されている。

さて、東京が寝静まった夜半、僕は独り静かに最終ゲラに目を通していた。「これで、読者の皆さんのお役に立つ素晴らしい著書を世に送り出すことができる」と極上の気分に浸っていた。ところが、脳内が冷静さを取り戻すと、僕はある事実にはたと思い当たった。本書に紹介されている東京の裏物語のほとんどは、佐久間先輩が長年にわたって積み重ねてきた体験と見聞を拠《よ》り所としているのである。実るほど頭《こうべ》を垂《た》れる稲穂かな。どこまでも優しい佐久間先輩に向かって、僕は心中で深々と頭を下げた。10年目に突入する僕自身の東京暮らしがこれまで以上に魅力的なものになったのも、この対談がもたらしてくれた物怪《もっけ》の幸いであった。

さあ、保江邦夫がこれほどまでにプッシュする『東京スピリチュアル・ロンダリング』を片手に、いざ迷宮都市Ｔｏｋｉｏ 東京へ！

令和6年梅雨の頃
白金の寓居にて記す
保江邦夫

東京スピリチュアル・ロンダリング

令和 6 年 7 月 23 日　初版発行

著　者　保江邦夫・佐久間公二
発行人　蟹江幹彦
発行所　株式会社　青林堂
〒 150-0002　東京都渋谷区渋谷 3-7-6
電話　03-5468-7769
編　集　大森悟
装　幀　TSTJ.inc
表紙写真　星野善之
印刷所　中央精版印刷株式会社

Printed in Japan

ISBN 978-4-7926-0768-5

神様ホエさせてください

保江邦夫

神様のお使いで日本中を駆け巡る保江邦夫のメルマガ「ほえマガ」から不思議な話を厳選！

定価1600円（税抜）

日本大北斗七星伝説

保江邦夫

神様のお告げにより、日本全国を巡って、結界を張り直す儀式を行いました。日本を守るため、与えられた使命をこなすため、保江邦夫の神事は続く……

定価1600円（税抜）

東京に北斗七星の結界を張らせていただきました

保江邦夫

「本当の神の愛は感謝だけ！」理論物理学者・保江邦夫が神託により、東京都内の北斗七星の位置にある神社にてご神事を執り行い、東京に結界を張られました。

定価1500円（税抜）

秘密結社ヤタガラスの復活
――陰陽（めを）カケル

保江邦夫
雑賀信朋

新型コロナ以降の日本にはかつての陰陽道の復活が必要！　秘密結社ヤタガラスが日本を護る。量子物理学者・保江邦夫と安倍晴明の魂を宿す雑賀信朋の対談。

定価1500円（税抜）

僕が神様に愛されることを厭わなくなったワケ

保江邦夫

なぜこの僕に、ここまで愛をお与えになるのか。イエス・キリストからハトホル神、吉備真備、安倍晴明まで、次々と現われては、お願い事を託されてしまった！

定価1400円（税抜）

日本武人史

小名木善行

日本をかっこよく！
古来より武術が連綿として受け継がれ、日々鍛錬にいそしみ、その武力のおかげで日本は植民地化をまぬがれた。

定価1600円（税抜）

先祖供養で運勢アップ！

林雄介

親ガチャ・子ガチャもあなたの前世の結果！
繁栄する家族はご先祖に感謝している。
幸せになりたければ本を読もう！

定価1600円（税抜）

ホツマツタヱによる古代史の謎解き

長堀優
いときょう

ホツマツタヱ研究の第一人者いときょうが、育成会横浜病院院長の長堀優と古代日本の謎を解く。縄文時代には文字だけではなく、国家も存在していた。

定価1800円（税抜）